SS. I.

SS. 64.

Jean Nicolas de Tralage

czu/

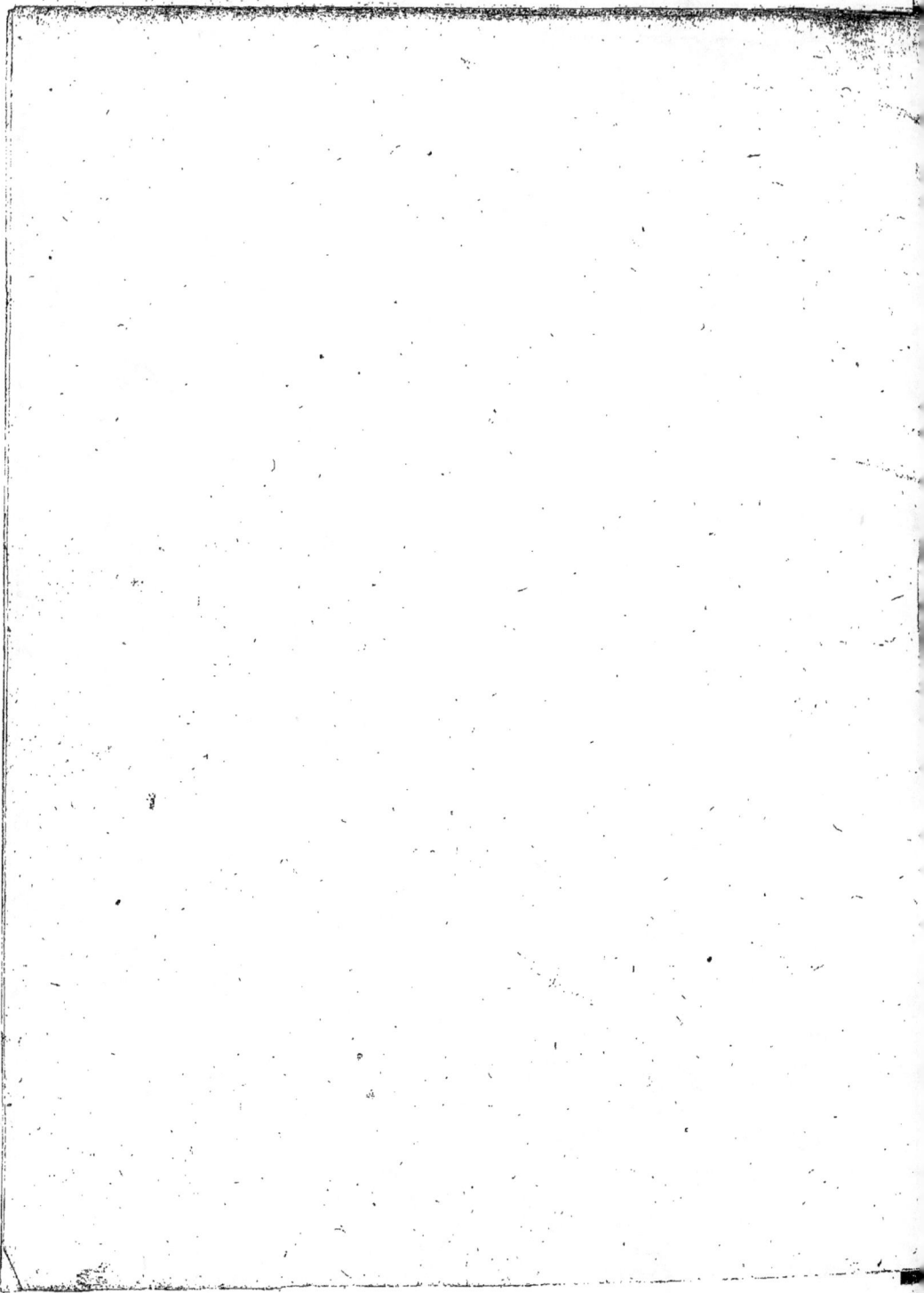

LES ILLVSTRES
OBSERVATIONS
ANTIQVES

*

DV SEIGNEVR GABRIEL SYMEON
FLORENTIN.

En son dernier voyage d'Italie l'an 1557.

SIC NATI VIDEMVR
VT CONTEMPLEMVR.

A LYON
PAR IAN DE TOVRNES.
M. D. LVIII.

PROBVS INVIDET NEMINI.

A MONSEIGNEVR

LE REVERENDISSIME

& tresillustre Prince CHARLES Cardinal de Lorraine : Archeuesque de Reims, & premier Per de France.

GABRIEL SYMEON FLOR.
SALVT.

MONSEIGNEVR *la commune & bien fondée opinion de tous les meilleurs autheurs Grecz & Latins ha tousiours esté, que les grans affaires ne peuuent jamais faillir d'estre bien gouuernez par vn homme ou plus, addonnez à la Religion, & amateurs des bonnes lettres : attendu que de la premiere vertu procedent la pieté, l'equité, & la justice, & l'autre deliure le jugement des personnes hors de l'ignorance, causant que les gens de bien, & de bon esprit non seulement prennent plaisir, & courage de se faire con-*

A 2 *gnoistre*

Auguste bon
Prince.

gnoiſtre (comme feirent Mecenas, Virgile, Horace, Ouide,
& autres ſçauans perſonnages du bon temps d'Auguſte)
mais ſont appellez, priſez, entretenuz, & employez
(chacun ſelon ſa vacation, & ſuffiſance) pour le ſeruice des
Princes, & de la Republique. Ce ſont (Monſeigneur) les
raiſons qui m'ont faict prendre la hardieſſe de premierement & promptement compoſer en deux langues, à ſçauoir Françoiſe & Tuſcane, & apres publier & mettre en
lumiere ſous la clairté de voſtre treſilluſtre nom vne partie
du noble labeur, par moy prins en l'obſeruation de pluſieurs Epitaphes, Medailles, & Statues antiques, ſuiuant

Voyage du
Duc de Guiſe
en Italie.

l'eſté paſſé Monſeigneur voſtre frere en Italie: Non que je
vueille (Monſeigneur) pretendre de vous preſenter choſe
aucune illuſtre & vertueuſe, que vous n'ayez jà mieux
que moy veuë, entendue, & obſeruee, tant en Italie que en
France, & tant par mer que par terre: mais pour mani-
feſter ſeulement le deſir que j'ay touſiours eu de vous faire
quelque bon & aggreable ſeruice: joint que j'ay congneu cō-
me vous eſtes grandiſſime amateur de toutes choſes anciennes & rares, & que je deſire auſſi monſtrer à pluſieurs
autres, qui ſouuent voyagent, qu'il leur reuient à bien peu
de louenge d'aller par le monde comme aueugles, & retour-
nez qu'ils ſont, demeurer au logis muets comme pecores. Le-

Maiſon de
plaiſance de
Hadrian.

quel blame voulant euiter le magnanime Empereur Hadrian, apres ſa longue peregrination feit en ſa maiſon de
plaiſance au païs de Tiuoli peindre & repreſenter au naturel

turel toutes les prouinces, & plus nobles Citez qu'il auoit
veuës, ainsi comme vous (Monseigneur) auez entreprins de
renouueller en vostre royal chasteau de Medon toutes ou la Chasteau de
plus grande partie des anciennes singularitez de la Cité de Medon.
Romme: qui est la principale des raisons pour me faire croire que ce petit don vous sera autant agreable, comme je
penseray d'auoir beaucoup gaigné, & apporté grand proufit
à la Republique, voyant restitué l'ordre des Legionnaires en
France, & comme plusieurs soldats & capitaines entre-
prendront (comme ils ont desia entreprins) beaucoup de choses hazardeuses & difficiles, persuadez & animez (combien
que vn chacun mal volontiers confesse d'auoir apprins d'vn
autre) par les faicts de Cesar, renouuellez, & illustrez dernierement par mon liure des Observations militaires, tout
ainsi que j'espere que ces autres miennes antiques donneront
courage, ouurirōt l'esprit, & monstrerōt le chemin à maints
autres scauans Antiquaires, entre lesquelz le Thresorier Thresorier
Grollier en France, & Alexandre Coruin à Romme tien- Grollier.
nent le principat, d'entreprendre (comme plus copieux de Coruin.
toutes sortes de medailles) vn plus grād œuure pour l'esclair-
cissement des Histoires, & illustration de plusieurs autres
memoires anciennes: parmi lesquelles je vous presente,
Monseigneur, ces miennes d'aussi bon cœur, comme tres-
humblement je me recommande à vostre bonne grace.

De Lyon, le premier Iour d'Aoust l'an M. D. LVIII·
ΕΥΔΟΚΊΑΣ.

A 3

Les Autheurs citez en cest œuure.

Nombre & lieux des Epitaphes.

Nombre

Nombre & lieux des Figures & Statues.

Nombre

Nombre des Medailles.

B   Table

Table generale des choses plus notables, contenues en ce present œuure.

A

B

C

Comme

La

Triomp

Faultes trouuees apres l'impreßion.

Page 1. ligne 19. Combles de mageſté & d'anciéneté.
Page 3. ligne 11. Qu'elle fut fondée lors que Nicopolis, vingt & trois ans.
Page 19. lig. 15. *Confule, nanq; potes : nec enim tibi*
tangere fruſtra.
Page 60. lig. 11. Venoient ſi toſt au deſſus de leurs
plus grans affaires.
Page 102. lig. 10. Celle qui eſtoit dans le temple d'E-
feſe, cité baſtie par les Amazones,
& ledict temple auec, &c.

OBSERVATIONS
ANTIQVES DV SEIGNEVR
GABRIEL SYMEON
FLORENTIN.

L E S T auis à quelques vns que
la congnoiſſance de la venerable
ANTIQVITE', auec la ſcience
neceſſaire des HISTOIRES,
ne apporte proufit ni honneur à
ceux qui s'en meſlent, ou pour
leur plaiſir particulier, ou pour
icelui departir en general aux autres, eſtimant & à tort telle pro-
feſsion vile, & quaſi commune à toutes ſortes de perſonnes. Auſquelz pour reſpondre, & leur monſtrer la verité
du fait, je mettray en auant les paroles de Ciceron en ſa
cinquieme Action contre Verres, ou il dit:

Les exemples tirez des memoires antiques, des hiſtoi-
res & liures, combles de mageſté, & combles d'ancien-
neté, ont eu de tout temps bon credit,& grand force à faire croire ce qu'on dit,& recreer ceux qui preſtent l'oreille.
Or puis que telz exemples ne ſe treuuent ailleurs que dens
les liures, & parmi les Epitaphes, Medailles & Statues
anciennes, Qui eſt l'homme tant aſſotti qui ne die, ou tant

Cicer. in Ver-
rem: Exempla
ex vetere me-
moria, &c.

a   opin

opiniatre, qui ne confeſſe ce eſtre plus proufitable & ho-
norable exercice que tout autre? s'accordant le meſme à
Brutus, ou il dit.

Cicer. Neſci-
re quid an-
tea, &c.

Terentius.

Qui ne ſcet rien de ce qui ha eſté fait du temps paſſé,
eſt touſiours vn enfant, ioint que (comme dit Terence)
Homine imperito nunquam quicquam iniuſtius,
Qui niſi quod ipſe fecit, nihil rectum putat.

Ce ſont (Monſeigneur) les cauſes principales, dont pluſieurs gentils eſprits enuieux & curieux de l'immortalité,
cherchent l'acquiſition de ceſte noble louange, attendu
que toute autre richeſſe ſe conſomme, & eſt ſubiette à l'ambition & perſecution des hommes, à la reuolution du
temps, & au changement de fortune, là ou la vertu (comme dit Saluſte) demeure auec ſon poſſeſſeur eternellement
& viue, & renommee. Touchant quoy, combien qu'il ne
ſoit loiſible à vn chacun, à faute du bon heur, ou des biens,
ou d'un liberal Prince, ou Mecenas qui le pouſſe, de par-
uenir à ceſte perfection, ſi eſt ce que tout homme raiſon-
nable (à fin de ne viure & mourir comme vne beſte) doit
à ſon pouuoir prendre peine de ſortir hors des mains de
l'ignoráce, & faire vne fois en ſa vie vn acte memorable ſelon la ſentence qui dit, *Vltimum malorü eſt non aliquando*
Dommages
cauſez par
ignorance.
ex numero hominum exire. Car c'eſt choſe veritable, & eſ-
prouuee, que l'ignorant eſt mortel ennemy de ſapience:
& que de l'ignorance procedent enuie, haine, indiſcretion, & auarice: de ces quatre la calomnie, de la calomnie
les debats & noiſes, & des noiſes finablement les ſeditions,
les ruines publiques, & la mort des hommes. Ces raiſons donc & pluſieurs autres ont touſiours eſté de ſi grande
efficace en mon endroit, que voire ſans jamais auoir rencontré la fortune fauorable, je me ſuis mis neantmoins en
deuoir de m'eſlongner le plus que j'ay peu de ce monſtre.
peſm

pernicieux & detestable. Parquoy ayant deliberé de faire
par mer le voyage de Romme, i'entreprins aussi d'obseruer
& noter toutes les choses antiques plus exquises, rares, &
delectables, qui se presenteroient à mes yeux : car ie ne
veux de toutes respondre, attendu que ie n'auois loisir de
ce faire, que le nombre en est quasi infini, & que tous les
Epitaphes en beauté & bonne grace, ne se treuuent semblables.

Auant donc que partir de Lyon, Cité que i'estime
beaucoup plus ancienne de ce que plusieurs Autheurs
ont escrit, les vns disant qu'elle fut fondee lors mesme
que Nicopolis le fut, vingt & trois ans, & les autres six
auant Iesuchrist par Munatius Plancus, disciple de Cicé-
ro, patrie de l'Empereur Claudius, & bruslee fatalement
du temps de Neron (dont pour la rebastir il despendit deux
cens cinquante mille escuz, que les Rommains nommerent *Centies Sestertium*.) ie di qu'entre plusieurs autres
Antiquitez, i'auisay deux beaux Epitaphes, l'un deuant l'eglise de sainct Iust, & l'autre en la basse court du Prieur de sainct
Hirigny, autant dignes d'estre mis en lumiere, comme de
nostre temps l'on trouueroit peu de maris & femmes,
qui sans nul debat, ou desplaisir eussent vescu,
l'un xxiiii ans, viii mois, & cinq
jours, & l'autre x v ans, trois
mois, & x v jours
ensemble.

Fondation de Lyou.

*Autant fut e-
stimee la va-
leur de la per-
le que Cleo-
patre huma
au festin fait
à Marc An-
toine.*

*

A LYON.
S. Iuſt.

D.   M.
ET MEMORIÆ ÆTER
NÆ AVRELIÆ CAT-
TÆ QVÆ VIXIT AN-
NIS XXIIII. MENS.
VIII. DIEB. V. SINE
VLLO IVRGIO. AV-
RELIA ET IRENEVS
CONIVGI CARISSIMÆ
POSVERE.

S. Hirigny.

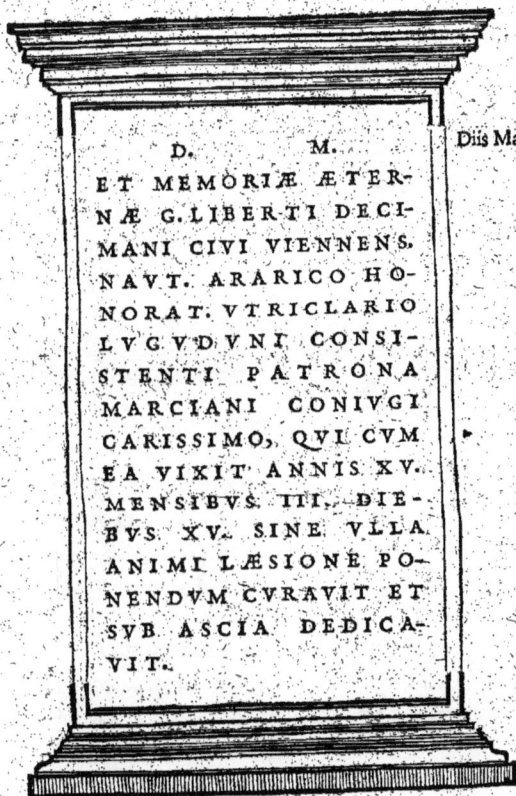

D.   M.   Diis Manibus
ET MEMORIÆ ÆTER-
NÆ G. LIBERTI DECI-
MANI CIVI VIENNENS.
NAVT. ARARICO HO-
NORAT. VTRICLARIO
LVGVDVNI CONSI-
STENTI PATRONA
MARCIANI CONIVGI
CARISSIMO, QVI CVM
EA VIXIT ANNIS XV.
MENSIBVS III. DIE-
BVS XV. SINE VLLA
ANIMI LÆSIONE PO-
NENDVM CVRAVIT ET
SVB ASCIA DEDICA-
VIT.

Par ainſi fault conclure, que ou les Maris de ce temps
là eſtoient plus diſcrets & raiſonnables, ou les Femmes
auoient la teſte mieux faicte : car d'entrer plus auant en
propos, il pourroit eſtre que l'indiſcretion & deſloyau-
té d'aucuns maris me contraindroient de donner contre eux la ſentence, ayant non ſeulement ouy dire, mais
encore experimenté, que les bons maris font les bonnes femmes. Toutefois certeins maris me pourroient
auſsi mettre en auant vn autre Epitaphe antique, qui
declaire que vne femme toute morte voulut encor prendre debat auec ſon mary, lequel j'ay ci mis pour en donner
le plaiſir à ceux, qui n'en eurent peult eſtre jamais la congnoiſſance.

HEVS VIATOR.
HIC VIR ET VXOR
NON LITIGANT. QVÆ-
RES QVI SIMVS, NON
DICAM. AT EODVM
IPSA DICO. HIC BEL-
BIVS EBRIVS ME BRE-
BIAM EBRIAM NVNCV-
PAT. OE CONIVX ETIAM
DEFVNCTA GARRIS?

I'ay trouué le subiet de cest Epitaphe de si bonne grace, que i'ay prins plaisir de le mettre en rime Tuscane, combien qu'il soit fort difficile, ains quasi impossible, de donner en si peu de vers à vne si friande matiere, entierement le sens & la grace dont elle ha esté aornee en sa premiere langue : qui est la cause, pourquoy bien souuent en citant vne sentence Latine de quelque Autheur, i'ayme mieux la laisser en son entier, que en la remuant luy oster sa grace naturelle.

TRADVCTION.

Ferma lettor? Qui morti hanno pur pace   Marito.
Marito & Moglie. I nomi dir non lice.
Tel diro io, aspetta se ti piace?   Moglie.
Quest' ebbro Belbio à me Brebia ebbra dice.   Marito.
Femmina rea, se mai ne fu tra noi,
Cosi sipolta anchor tacer non puoi?

Apres auoir laissé Lyon, & prins le chemin par eaue, le mauuais temps nous contraingnit de demeurer à Vienne, cité fort renommee & ancienne : car auant que Lyon fust, l'on y souloit tenir les foires qui se tiennent à present en ceste ville : dont Vienne demeura destruicte, & la cité de Lyon amplifiee, tout ainsi qu'il auint de Rauenne apres que Venize fut bastie. En ce lieu ie notay comme les bons soldars recompensez de leurs capitaines, prenoient plaisir à laisser de leurs noms & biens receuz eternelle memoire.

      D'ou vient la ruïne des vil-les.

*

Vienne.

Titi filio
Triumuiro
Aerarij : &
locorũ pu-
blicorum,
Portio Titi
filio.

PORTIO. T. F. LA-
TINO EQVO PV-
BLICO ORNATO
PRÆF. FABRVM.
IIL VIR ÆR. III.
VIR LOC. PVBLIC.
PORTIO T. F.

DIIS MANI-
BVS SATVRNÆ
FORTVNATVS
POSVIT.

D.   M.
ET QVIETI ÆTERNÆ
TITIÆ SERE DEFVN-
CTÆ ANN. XXII. MES.
V. DIE. XXV. P. SER-
VIVS ASCLEPIODO-
TVS PATER FILIÆ
INCOMPARABILI.

APOLLINI SA-
CRVM EX VO-
TO. C. VIRIVS
VICTOR ET L.
VIRIVS VITALIS
S. L. M.

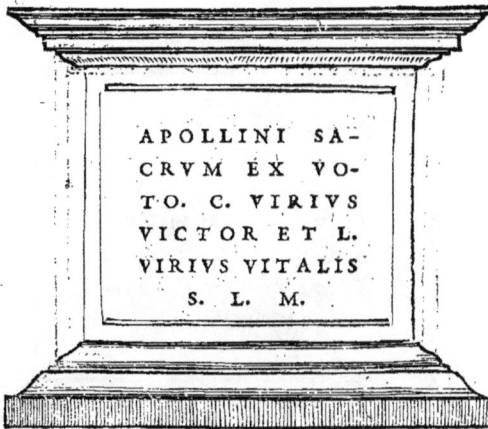

Soluit libens
merito.

b

Decius.

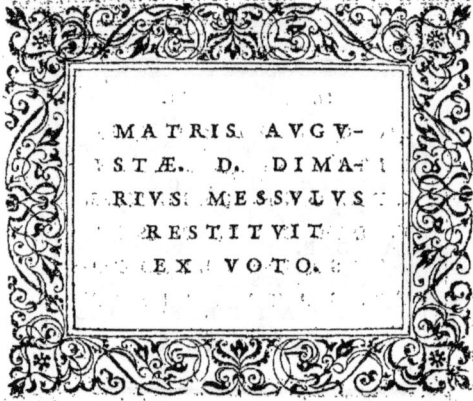

MATRIS AVGV-
STÆ. D. DIMA-
RIVS. MESSVLVS
RESTITVIT
EX VOTO.

SERGIÆ ZOSIMÆ
GRATTHIA PHI-
TANÆ ET CLAV-
DIVS MVMMIVS
AMICÆ SANCTIS-
SIMAE VIVÆ PO-
SVERVNT.

VIRTVTE FOR-
T.ISSIMO ET PIE-
TATE CLEMEN-
TISSIMO D.N.FLA
VIO CONSTANTI-
NO INVICTISS.
MAX. PP. INVICTO
AVG. M. ALFIVS
APRONIANVS VT
PP. FLAM. VIEN-
NÆ DEVOTO NV-
MINI MAIESTA-
TIQVE EORVM.

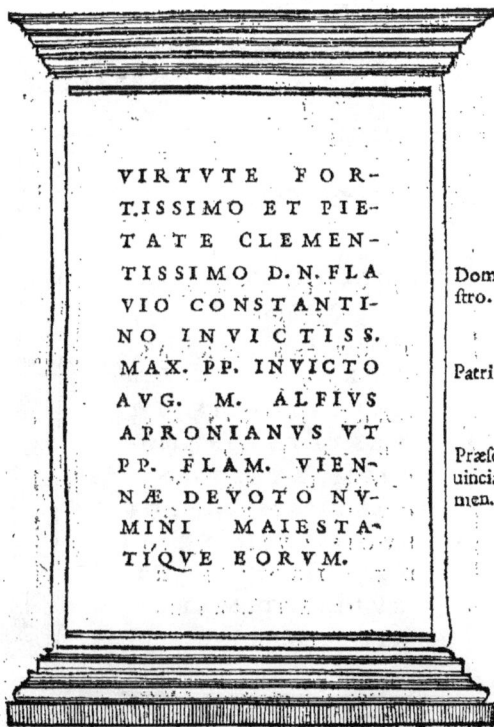

Domino no-
ſtro.

Patri Patriæ.

Præſes Pro-
uinciæ Fla-
men.

b 2

Dedicauit.

De sua pecu-
nia.

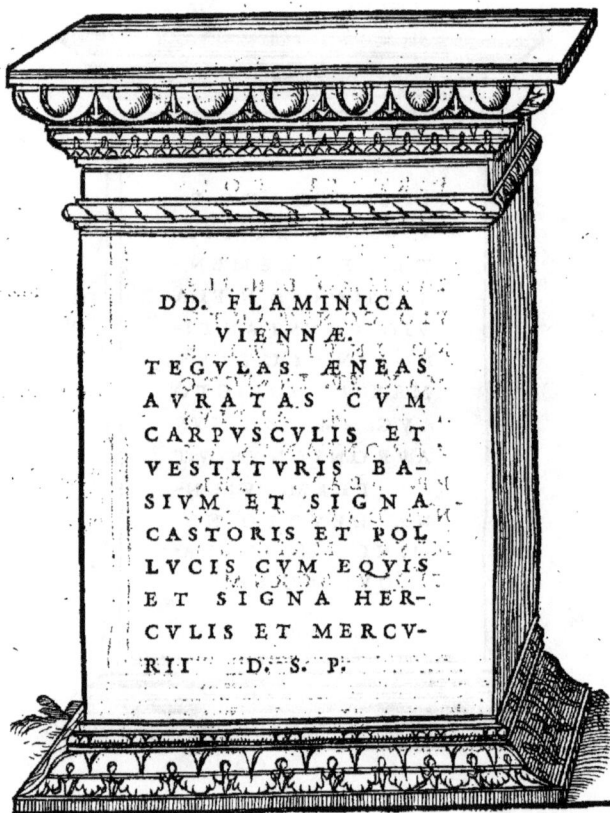

DD. FLAMINICA
VIENNÆ.
TEGVLAS ÆNEAS
AVRATAS CVM
CARPVSCVLIS ET
VESTITVRIS BA-
SIVM ET SIGNA
CASTORIS ET POL
LVCIS CVM EQVIS
ET SIGNA HER-
CVLIS ET MERCV-
RII D. S. P.

I'en vey plufieurs autres auec les veftiges d'un temple Temple antique à Vienne.
quarré, fouftenu de plufieurs colomnes, fort anciénes que
ieuffe volontiers faict retirer au naturel : mais la preffe
d'aller ne me donna loifir de ce faire, penfant aufsi trouuer
quelque chofe à Valence, là ou je ne fceu onques veoir finon la pourtraiture & le demeurant de quelque os du
Geant Buart, hault de x v coudees, jadis defcouuert par la Geant Buart.
pluie, & trouué enterré au long du Rone par vn moyne,
ainfi quil fe pourmenoit difant fes heures.

Mais que dirons nous d'une fi bonne ville que celle d'A-
uignon? là ou je ne trouuay chofe quelconque antique,
finon depuis deux cens ans ença le fepulcre de Laure, defcouuert par le commandement du feu Roy François, &
vne fienne medaille de plomb, que l'on trouua fous fon
chef lors quelle fut defenterree, de laquelle je prins le dou
ble tel, que l'on voit par la prefente figure.

*Medaille de Laure, en
Auignon.*

En ce lieu rien ne parloit à l'entour de fa fepulture, finon
ces vers, compofez par le noble efprit dudit Roy: lefquelz
combien que je penfe auoir veu imprimez, fi eft ce quils
meritent d'eftre encor vn coup remis en lumiére.

En

En petit lieu comprins vous pouuez voir
Ce, qui comprent beaucoup par renommee.
Plume, labeur, la langue, & le sçauoir
Furent vaincuz par l'amant de l'aymee.
    O gentil ame estant tant estimee,
    Qui te pourra louer qu'en se taisant?
    Car la parole est tousiours reprimee,
    Quand le subiet surmonte le disant.

Ces vers me donnerent courage d'en mettre d'autres
Tuscans en vn Tableau, renouuellant ainsi la memoire de
la dame, & l'amour de Petrarque.

Sonetto à M. Laura.

Alma leggiadra, il cui corporeo velo
    Trouò si bello il Fiorentin Poëta,
    Ch' Enea spregiando, Hesiodo & Dameta,
    Di tè cantò pien d'amoroso zelo.
Com' ei viua t'ornò, poi morta in cielo
    Pose, & con faccia mesta & talhor lieta
    Hor rise, hor pianse, fra timore & pieta,
    Bramoso non cangiar natura & pelo.
Così io, vago di quel, che à lui si piacque,
    Della tua dico, & immortal sua gloria,
    Et che vosco ogn' hor viua anco il mio nome.
Con l'arte istessa, che t'honora & come,
    Et che meco, & con lui sour' Arno nacque,
    Lascio qui di noi tre nuoua memoria.

Tutti gli altri studii.

Versi in vita & morte di Laura.

Accidenti amorosi.

Nobile desiderio.

Patria & lingua comune.

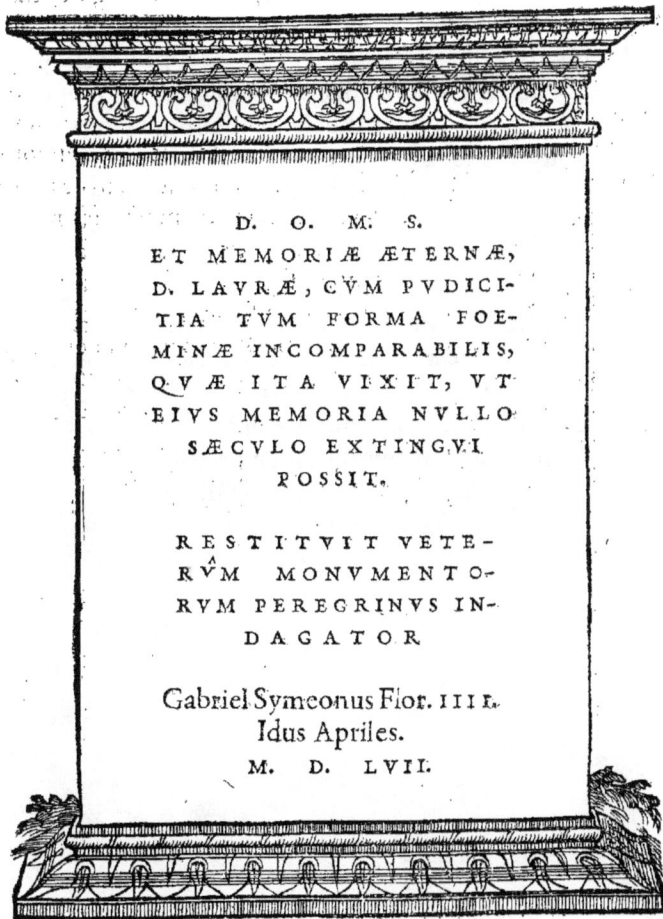

D. O. M. S.
ET MEMORIAE AETERNAE,
D. LAVRAE, CVM PVDICI-
TIA TVM FORMA FOE-
MINAE INCOMPARABILIS,
QVAE ITA VIXIT, VT
EIVS MEMORIA NVLLO
SAECVLO EXTINGVI
POSSIT.

RESTITVIT VETE-
RVM MONVMENTO-
RVM PEREGRINVS IN-
DAGATOR

Gabriel Symeonus Flor. IIII.
Idus Apriles.
M. D. LVII.

Deo optimo
maximo sa-
crum.

Prenant la poſte en Auignon,tiraſmes droit à Marſeille:
à trois lieuës de laquelle i'auiſay un petit tableau de marbre , muré en hault , au deſſus de la porte d'vne egliſe , au
milieu du village des Pennes , par lequel je congnu la
Deeſſe Cybeles(que les Grecs & Latins nommerent Mere des Dieux,Opis,Veſta,Proſerpina, & la prindrent pour
Temple de   la terre) y auoir eu autrefois un temple : meſme que les
Cybeles.   habitans du lieu , tant hommes que femmes, ſont encor
auiourdhuy habillez à la Grecque , & ont les paroles , la
couleur de la chair,& la façon du viſage de meſme:dont je
penſerois volontiers que ce fuſt quelque demeurant de
ces Grecs nommez Phocenſes , fugitifs , qui edifierent la
ville de Marſeille, & que tout ainſi qu'une partie d'eux
s'arreſta en bas ſuiuant la peſcherie & la marine , ceux cy
ayans accouſtumé en leur premier païs de labourer les
terres, choiſirent ce hault lieu, ou ils font reſidence.

Or combien que le marbre fuſt bien hault , je
trouuay toutefois moyen de monter
là ſus,& prins le double du tableau en la forme qui
s'enſuit:

Cybeles Aux Pennes.

MATRIS DEVM MAGNÆ IDEÆ PALATI-
NÆ EIVSQ. M. RELIGIONIS AD PARNOR
NAVIVS   IANVARIVS.

Ceux qui ont interpreté le simulacre de Cybeles, &
mesme Varron, disent que les tours que elle porte sur la
teste, signifient les citez & villes, dont la terre est remplie:
la robbe verte semee de flours & de fruicts, les choses que
la terre produit: le sceptre en une main, les Royaumes
& Empires: & la clef en l'autre, la terre qui se reserre
l'hyuer, & au printemps se monstre ouuerte. Les Lions,
traynans son char nous enseignent, qu'il ny ha terre si sau-
uage, que le labeur & force de l'homme ne rende fertile.

c   Par

Interpreta-
tion du simu-
lacre de Cy-
beles.

Par les roües de son char sont denotées les IIII. saisons de
l'année: par les deux cymbales ou tympanes, la rondeur de
la terre: par le flageol, la vertu differente, que les sept Pla-
netes eslancent sur la terre, engendrans diuerses pierre-
ries, minieres & metaux. Toutefois ie prendrois plus tost
les cymbales, la fleure, & le flageol, pour les instrumés que
lon sonnoit aux iours solennels de la feste de Cybeles, ce-
lebrée par certains Sacerdots chastrez, & nommez Cory-
bantes : & par le chapeau auec le baston pastoral, i'enten-
drois les bergiers, qui parmi leurs brebis sont assidus gar-
diens de la terre. Dont vient que les Poëtes ont escrit, que
un bergier nommé Atys, fut l'amy de Cybeles, lequel mort
Atys mué en un Pin. elle changea en vn Pin, que lon treuue tousiours insculpé
parmi les marbres antiques : combien que ce Pin signifie
plus tost la grande quantité de telz arbres, desquelz sont
rempliz la forest, & mont d'Ide au païs de Phrygie, ou iadis
Temple de Cybeles. souloit Cybeles auoir son principal temple, dont elle fut
appellée Idee, comme apres Palatine, lors que Iunius Bru-
tus luy dedia vne chapelle dans le palais des Senateurs sur
Chapelle & feste de Cybeles. le mont Palatin, en la dedication de laquelle il publia les
ieux appellez Megalesia. Ce que confirme aussi Tite Liue
T. Liuius. disant : *Ipsamq; Deûm matrem e Græcia aduectam in Pa-*
latium pertulere, & in templo Victoriæ collocarunt. quod
templum uarietate lapidum atq; auro ornatû cum alia ædi-
cula Victoriæ virginis à Portio Catone extructa, &c.
De laquelle qui veult encor mieux veoir la pourtraicture
entiere, qui regarde, estant à Rome, le marbre antique
qui est en la basse court du Palais du Cardinal Cesis, ou
dans le liure de la Religion des Romains, du Seigneur
Guillaume Choul, Bailly des Montaignes du Daulphiné,
imprimé à Lyon par Guillaume Rouille, & par moy trans-
laté en langue Italienne.

De

De ce lieu allaſmes à Marſeille: là ou ie ne ſceu trouuer ſinon certains ſepulcres antiques, partie en leglise de
la Maieur, ou ſouloit eſtre anciennement le temple de
Diane, & partie à ſainct Victor. Là ne voyant encores les
galleres preſtes pour paſſer à Rome, il me print enuie
(ſuiuant mon naturel, qui eſt de vouloir touſiours veoir &
apprendre quelque choſe) de viſiter la Baulme, lieu deſert,
malaiſé, & quaſi inacceſſible, ou feit iadis la Magdeleine
penitence, & ou ie vey en un tableau ces vers Latins de
Petrarque aſſez corrompuz, qui s'enſuiuent:

Temple de
Diane à Mar-
ſeille.

Baulme de la Magdeleine en Prouence.

PETRARQVE.

Dulcis amica Dei, lacrymis inflectere noſtris,
Atque humiles attende preces, noſtræq́, ſaluti
Conſule, nanque potes: nec enim tangere tibi fruſtra
Permiſſum, genituq́, pedes perfundere ſacros,
Et nitidis ſiccare comis, ferre oſcula plantis,
Inq́, caput Domini pretioſos ſpargere odores.
Nec tibi congreſſus primos à morte reſurgens,
Et voces audire ſuas, & membra videre
Immortale decus, lumen habitura per æuum.
Nec quicquam dedit ætherei rex Chriſtus Olympi.
Viderat illa cruci hærentem, nec dira pauentem
Iudaicæ tormenta manus, turbæq́, furentis
Iurgia & inſultus, æquantes verbera linguas.
Sed mæſtam intrepidamq́, ſimul, digitisque cruentos
Tractantem clauos, implentem vulnera fletu,
Vellentem flauos manibus ſine mora capillos.
Viderat hæc, inquam, dum pectora fida ſuorum
Diffugerent pellente metu: memor ergo reuiſit
Te primam ante alios, tibi ſe prius obtulit uni.

Te

Te quoque digreſſus terris, & aſtra reuerſus,
Bis tria luſtra, tibi nunquam mortalis egentem
Rupe ſub hac aluit, tam longo in tempore ſolis,
Diuinis contenta epulis, & rore ſalubri.
Hæc domus antra tibi ſtillantibus horrida ſaxis,
Horrifico tenebroſa ſitu, tecta aurea regum
Delitias omnes, ac ditia vicerat arua.
Hæc incluſa libens longis veſtita capillis,
Veſte carens alia, ten denos paſſa Decembres,
Diceris huc non fracta gelu, nec fracta pauore,
Nanque fames frigus durum quoque ſaxa cubile
Dulcia ſecit amor, ſpesque alto pectore fixa,
Nec hominum non viſa oculis, ſtipata cateruis
Angelicis, ſeptemque dies ſubuecta per horas
Cæleſtes audire choros alterna canenteis
Carmina, corporeo de carcere digna fuiſti.

Ces vers eurent telle force en mon endroit, auec la reuerence du lieu, que je ne me peu contenir auant que
partir de là, de ne mettre au pie des vers de Petrarque, ces
paroles:

Deo optimo
maximo.

D.   O.   M.

ET   DIVÆ   MARIÆ   MAGDALENÆ
VOVIT   ET   CECINIT
GABRIEL.   SYMEONVS   FLOR.

Horrido ſpeco, oue pentita & ſcarca
D'ogni ſua colpa, al redentor ſuo Chriſto
Sagro Maria, per far del cielo acquiſto
L'alma d'amor diuin ſcaldata & carca.
Laſſo, perche tal gratia in me non varca
Che qui (d'ogni error ſuo paſſato auuiſto
Queſto carcer terren languido & triſto)

Tronchi

Tronchi il mio fil l'inessorabil Parca.
Et che (qual se la Maddalena in terra)
Qui, lasciando di me memoria etterna,
Senta lo spirto mio condurre in cielo.
Benigno Dio (s'un vero ardente zelo
La tua gratia immortale abbraccia & serra)
Essaltami hoggi in si humil cauerna.

A trois lieües de la Baulme, au pié de la montaigne est
la ville de sainct Maximin, ou lon voit le chef de la Magdeleine auec vn peu de chair sur le front, touchee (comme disent les prestres de leans) par IESVCHRIST,
quand apres sa mort, & estre resuscité, il luy apparut au
vergier, & luy dist, *Noli me tangere.* En ce lieu je ne trouuay que vn vieil marbre, qui sert d'autel en seglise, duquel
je ne sceu jamais retirer que ces paroles imparfaictes.

Chef de la
Magdeleine à
S Maximin.

Sainct Maximin.

Lettres per-
dües.

Lucia &
Lucius
Valerius

```
· · · · · · · · · · · · · · · · · · · · ·
SVÆ  COLLECTA-
NEÆ FECIT L. THE
MATILIANA ET L.
VAL. CERTVS. L.
VALERIO LVCINO
FILIO PIENTISSI-
MO FECERVNT.
```

Et par ce que i'auois autrefois entendu que à Aix auoit
encor quelque chose de beau, i'entreprins d'y aller : & ainsi
suiuant mon chemin, trouuay en vn village du Baron d'Al-
lemaigne, vne autre pierre engrauee de la sorte:

Luc en Prouence.

IVSTITIAE ET CLE-
MENTIAE C. CAE-
SARIS.

Arriué à Aix ie me mis à l'enqueste, & trouuay les memoires qui s'ensuiuent:

Aix en Prouence.

Sextus
Volesus.

SEXT. ACVTIVS VOL.
AQVILA PRAETOR
ACVTO PATRI, IN-
GENVAE MATRI, SE-
VERAE SORORI, RV-
FO FRATRI.
H. M. H. N. S.

Hoc monu-
mentum hae-
redes non
sequitur.

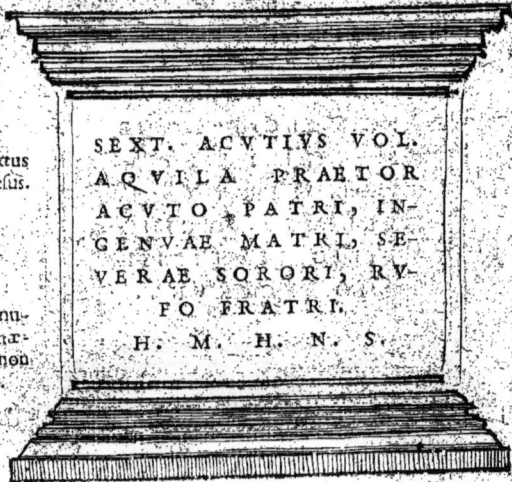

P. SEXTIVS FLORVS
IIIIII. VIR. AVG. COL.
IVL. AQVIS ET COL.
AREL. VALERIAE SPV-
RIAE FLASSINAE VXO-
RI PIENTIS. SEX. VA-
LERIO PROCVLINO
ET SVIS.

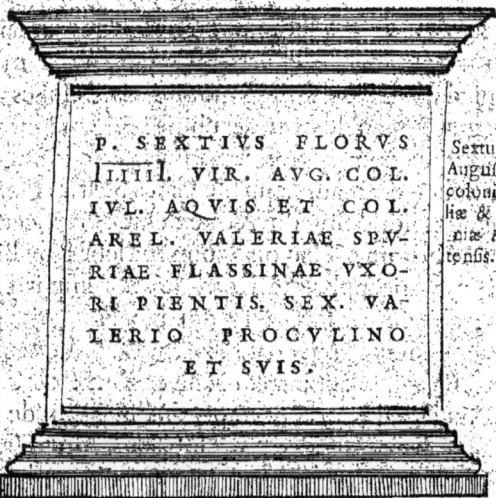

Sextumuir
Auguſtalis
coloniæ Iu-
liæ & colo-
niæ Arela-
tenſis.

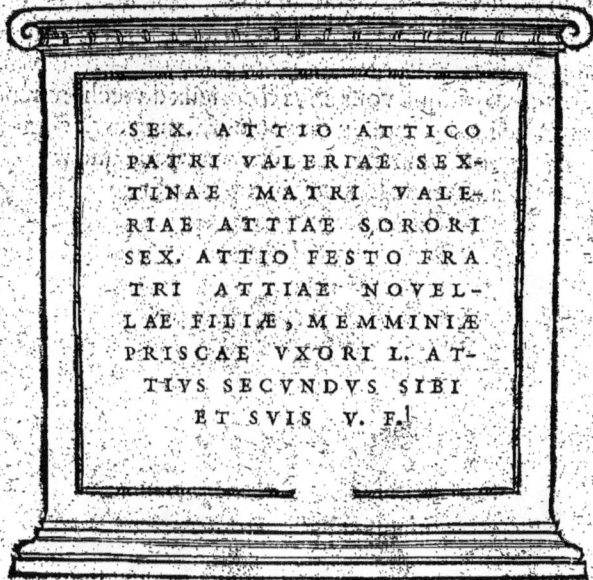

SEX. ATTIO ATTICO
PATRI VALERIAE SEX-
TINAE MATRI VALE-
RIAE ATTIAE SORORI
SEX. ATTIO FESTO FRA-
TRI ATTIAE NOVEL-
LAE FILIÆ, MEMMINIÆ
PRISCAE VXORI L. AT-
TIVS SECVNDVS SIBI
ET SVIS V. F.

Viuens fecit.

C'eſt le plus accompli Epitaphe que ie vey iamais, l'aſ-
ſiette d'une petite ville la plus delectable, où ie mis onques le pied, & les perſonnes grandement ciuiles, hon-
neſtes & gratieuſes : de laquelle choſe ie ne meſmerueille

Fondation
d'Aix en Pro-
uence.
point, attendu que le premier fondateur d'icelle fut vn
braue Conſul Rommain, appellé Caius Sextius Domitius
Caluinus, qui non loing du Rone deffit & tua cent cinquante mile hommes Gaulois, emmena leur Roy Bituitus

Triomphe de
Caius Sextius
priſonnier en triomphant à Romme, & remplit l'Eraire
d'innumerables richeſſes qu'il print aux François apres la
bataille : & depuis eſtans Conſulz Cn. Donutius Enobar-
bus, & C. Fannius, il edifia & dreſſa en forme de Colonie

Antiquité
d'Aix.
la cité d'Aix l'an D.C. x x x I. apres l'edification de Romme, & auant Ieſuchriſt C x x I. l'appellant Aquas ſextias à
cauſe de ſon nom, & des fontaines & baings chaulx qui
ſont en pluſieurs lieux de ladite ville.

Auquel lieu, ainſi que i'allois cherchant & regardant ces
Epitaphes, ie rencontray vn gentilhomme, lequel me diſt:
Seigneur, voyãt que vous eſtes ſi curieux de rechercher &
renouueller toutes les plus nobles memoires anciennes, ie vous veux faire preſent d'aucunes, que i'ay
auſsi amaſſees en diuers lieux. Et ce
dit me donna ceſtes que
i'ay ci deſſous
miſes.

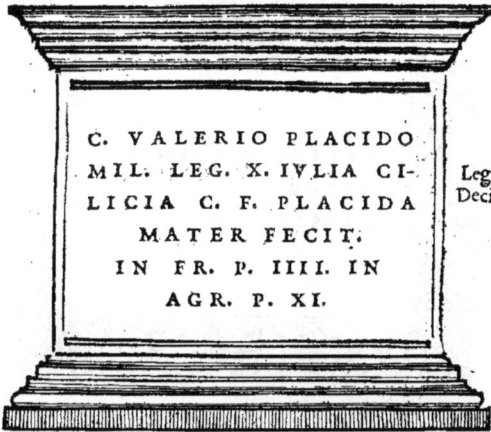

C. VALERIO PLACIDO
MIL. LEG. X. IVLIA CI-   Legionis
LICIA C. F. PLACIDA   Decimæ.
MATER FECIT.
IN FR. P. IIII. IN
AGR. P. XI.

Icy eſt vne choſe digne d'eſtre notee, c'eſt que à la fin de
l'Epitaphe l'on ſcet la largeur & longueur de la ſepulture: la
largeur ou hauteur, quand il dit, IN FRONTE PEDES
IIII. & la longueur, IN AGRO PEDES XI.
Arles.

Q. NAVICVLA-
RIVS VICTORI-
NVS VAL. SEVE-
RINA CONIVGI
SANCTISS.

Castellane en Prouence.

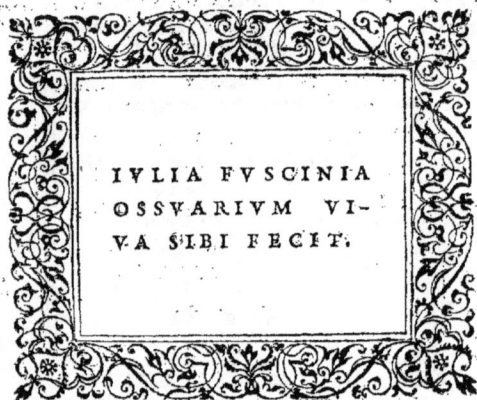

IVLIA FVSCINIA
OSSVARIVM VI-
VA SIBI FECIT.

Antibo.

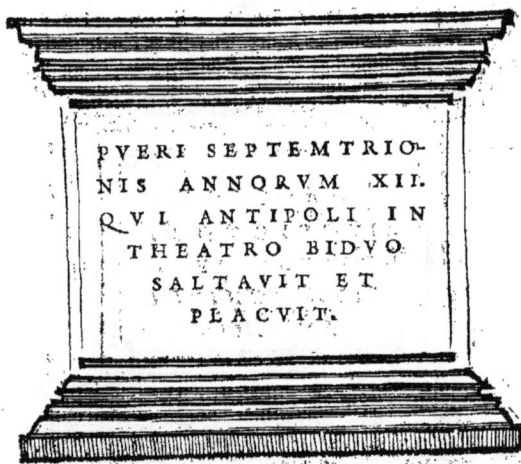

PVERI SEPTEMTRIO-
NIS ANNORVM XII.
QVI ANTIPOLI IN
THEATRO BIDVO
SALTAVIT ET.
PLACVIT.

Cest

Ceſt Epitaphe me fit ſouuenir du temps que le feu Roy
François ſe trouua auec Pape Paul III. & l'Empereur Charles Quint à la Diete de Nizze, que lon lui preſenta vne
table de cuiure trouuee ſous terre hors d'Antibo, en laquelle eſtoient engrauees ces paroles:

Diete de
Nizze.

VIATOR INTVS ADI.
TABVLA EST AENA,
QVAE TE CVNCTA
PERDOCET.

d 2

Ayant ainſi veu vne partie des antiquitez d'Aix , & ſa-
chant que les galleres ne ſeroient encores preſtes de x v.
jours, ie m'allay pourmener iuſques à Valcluſe , lieu ou Petrarque en philoſophant compoſa la plus grande partie de
ſon liure pour l'amour de Madame Laure. C'eſt la vallee
la plus delectable & de meilleure grace , & y ſont les plus
belles & claires ſources d'eaue que je veis onques de ma
vie , tellement que ſi je n'euſſe eſté accompagné & entreprins le voyage de Romme , je croy que je fuſſe demeuré
Deſcription là. Car la petite colline , ou eſt aſsiſe la maiſonnette de Pe-
de Valcluſe. trarque , la ſolitude du lieu , les petis boſcages de tous
temps verdoyans , les haults rochers , & le doux ſon des
eaues coulantes, me repreſentoïent naturellement deuant
les yeux le mont Parnaſſus , & la fontaine des neuf Muſes:
eſtimant bien heureux celuy qui auroit moyen d'habiter
& rendre l'eſprit ſous vn ciel ſi bening , doux , paiſible , &
loiprain du bruit mechanique des groſſes citez & villes,
remplies d'enuie, de haine, d'ambition , d'auarice, de larre-
cins, de tromperies , de ſeruitude , perſecutions , & d'ho-
micides : & à fin , Monſeigneur , que mieux vous croyez
eſtre mon rapport veritable, j'ay fait icy peindre au
naturel l'aſsiette de Valcluſe demeuree
depuis ce temps là touſiours
empreinte en mon
cerueau.

*

Par

Par ainfi il appert, que non fans caufe on l'appella Valclufe,& à furgendo la riuiere de Sorgue, ou (il ne fault pas
mentir)ie prins un fi grand defplaifir d'autre cofté, voyant
la maifon de Petrarque à demy ruïnee, & eftre receptacle
des brebis, que ie ne fceu onques bouger de là fatisfait, jufques à ce que au pied de la mefme fontaine ie me fuffe
ainfi plaint de l'ingratitude du temps.

Deriuation
du nom de
Valclufe &
de Sorgue.

L'origine & effetti del tempo, nelle cofe fuperiori &
inferiori, fopra il fubietto della cafa del
Petrarca, mezza rouinata
in Valchiufa.

Ingordo tempo, i cui fugaci l'anni,
   Mofsi dal cieco arbitrio di fortuna,
   Batton fotto queft'aria hor chiara, hor bruna,
   Con varie tempre l'hore, i mefi, & gl'anni.
Tu, che tardi o per tempo il tempo inganni,
   Di chi fpeme o timor prefiffo aduna,
   Tu che, forzando il cerchio della luna,
   Vefti & fpogli alla terra i verdi panni,

Origine del
tempo.

Moto violen-
to della nona
sfera.

d　3　　　　Come

Ingratitudine del tempo celebrato in un trionfo del Petrarca.

Mutationi fatte dal tempo.

Come non ſcorgi che non puoi far peggio,
Ch' à chi honor ti feo ſcoprirti ingrato
Moſtrando il retto del Petrarcha ſpento?
Laſſo, l'albergo puro honeſto, & grato
Tanto alle Muſe, diuenuto hor veggio
Impuro letto di lanoſo armento?

Il ne me ſuffiſt d'auoir ce faict, que encor auec la poincte d'un couſteau ſengrauay en vne pierre de la poure maiſon, ces paroles latines:

FRANCISCI ET LAVRÆ
MANIBVS,
GABRIEL SYMEONVS.

Ayant à la fin laiſſé à grand regret Valcluſe, ie m'en
retournay à Marſeille, ou ie n'arreſtay gueres
à m'embarquer : & arriué en Cor-
ſegue, ne trouuay à la Iaze
autre choſe anti-
que , mais
bien
la moderne
icy repreſentee.

Iaze

Iaze en Corsegue.

HIERONYMVS DE MONE-
LIA LEGATVS IN HANC
INSVLAM CORSICAE PRO
MAGNIFICO OFFICIO. S.
GEORGII COMMISSAR. VT
POPVLOS PRAECEDENTIS
ANNI REBELLIONE NON-
DVM CONSTANTES IN
PACE AC OFFICIO CON-
TINERET, ARMIS AC PRV-
DENTIA REM SIBI MAN-
DATAM CVM LAVDE
PRASTITIT, ET OPVS
HOC MVRORVM CIVITA-
TIS AIACII GALLO AR-
CHITECTO INCHOAVIT,
AC PENE ABSOLVIT.
AN. M. D. III.

C'est le païs plus defesperé & sauuaige qui soit en tout le monde,duquel, Monseigneur, s'il vous plaisoit ouïr encor mieux parler , & sçauoir que c'est , j'ay mis cy dessous une Satyre , que ie composay en me jouant sur la mer auec un stile coulant,bas & commun,que les bons esprits de nostre temps ont appellé Bernique , à cause d'un Poëte nommé Bernie,fauorisé du Duc Alexandre de Medicis , qui en fut premier inuenteur,pour auoir plus grande liberté & licence de mettre en vers toutes ses fantasies poëtiques , en se mocquant des uns & des autres , auquel endroit un autre stile,& maniere plus graue ne donneroit tant de plaisir aux hommes:car le principal poinct d'un Poëte ou Orateur est d'user de paroles & mots conuenables à la matiere de laquelle il traiéte : Qui est ce qui feit dire à Horace en son liure de l'art Poëtique:

Bernia.
Duc Alexandre de Medicis.
Stile Bernique.

Horace.

Omne tulit punctum qui miscuit vtile dulci,
Lectorem delectando, pariterq; monendo.

A M. Tommaso Sertini à Lyone,
Stile commune.

Sertin dal di, ch'abbandonai la Sona,
  Piacciaui vdir le mie disauenture,
  E i rischi corsi nella mia persona.
Lasciamo ir i disagi & le paure,
  Che la galea nel mar fra l'onde irate
  Arreca il di,ma piu le notti oscure.
Molte persone di piu luoghi nate,
  Ristrette insieme in un' angusto loco,
  Gran freddo il verno, & gran caldo la state.
Roder pan dur,ber vin tiepido & poco,
  Aqua corrotta,udir gridar forzati,

Disagi della galea.

Et pericol portar tra l'acqua el' fuoco.
Esser innanzi & in dietro trabalzati
  A discretion de venti & di fortuna,
  E'l piu del tempo in arme & mal armati,
Fra tai pene maggior trou' io quest' una,
  Che diuersi animai ti sono addosso
  Dormendo sotto, o sopra all' aria bruna.
Chi vota il cibo in mare, & chi percosso
  Dal timor trema, & soffia come Biscia,
  Mentre il baston scuote alla ciurma il dosso.
Che quando il remo in acqua, e intorno striscia
  L'aspre catene desterebbe ogniuno,
  Cui gl' occhi stracchi un grato sonno liscia.
Ben fu d'ogni pieta priuo & digiuno
  Quel che pria ritrouò si fatto ingegno,
  Per comandar al mar sordo importuno.
Noè per cio se prima un simil legno
  Per campar dal diluuio solamente,
  Non per esser di rei supplitio degno.
Onde in Armenia la saluata gente
  Gallo il chiamò, come poi Iano anchora,
  Trouato il vin, che gli turbò la mente.
Ma del viaggio mio vo narrarui hora
  I diuersi accidenti, & la gran pena,
  Con cui di Francia al fine uscimo fuora.
Passamo di Marsilia la catena,
  Gia tre semmane son, col vento in petto:
  Pure à Tolon ci ritrouamo à cena.
Dal Greco Telamon che fossi detto
  Gia questo porto da quel popol sento,
  Benche fede à tal dir molta non metto.
Indi partendo con fatica & stento

Pericoli della galea.

Romori della galea.

Il primo inuentore delle naui.

Gallin in Armenico cio che nuota sopra acqua. Iain inuentore del vino.

Porto di Marsilia.

Porto di Tolone.

c   *Dieci*

Inconstanza del mare.

Dieci dì stemmo tra Tolone & Hiera
Ogn'iun, come dio sà, lieto & contento.
Al fine hauuto nuoua su la sera
Di certe galeotte di Corsali,

Timore nel mare.

La demmo à gambe, & buon per chi non u'era,
Ch' ei non sentì la notte tanti mali,
Quanti prouamo noi fuggiti in porto,
Temendo dell'armate imperiali.
Sertin, di risa voi saresti morto
A rimirar la nostra compagnia,
Et come staua ognun su l'ali accorto.

Armi vecchie & rugginose di galea.

Noi sembrauamo armati per corsìa,
A Poppa & Prua quei sonnacchiosi braui,
Che guardorno il sipolcro del Messia.
Ma non ci volle all' hor rendere schiaui,
Di Turchi o di Spagnuoi Domenedio,
Che amiche furno le galere & naui.
Così l'altr' hier sospinti dal desio
D'arriuare in Italia, pur pian piano
Ripigliamo il camin noioso & rio.
Scoperta al fin la Corsica lontano,

Cyrno.

Cyrno da i Greci detta, oue risiede
Gouernator pel Re l'Orsin Giordano,
Alla Giaccia giugnemo, anchora herede

Porto d'Aiace.

Del gran nome d'Aiace, & doue forte
L'Orsino hà fatto la sua propria siede:
Che senza inuidia di sua buona sorte
(Se tal paresse) ogniun lasciar gli puote,
Comme essiglio & albergo della morte.

Descritione della Corsica.

D'aspre montagne & valli oscure, & vote
D'ogni ben, se non d'Orsi, & Can feroci,
Il luogo è pien, ch' intorno il mar percuote.

D'huom

D'huomini & donne i volti tanto atroci
  Vedresti, & il vestir lor si corto & stretto,
  Che vi faresti mille & mille croci.
Non so Sertin, s'à sorte hauette letto   *Essiglio de*
  Che i Roman, confinando vn mal fattore,   *Romani.*
  Gli dauono in questa Isola ricetto.
Quiui mele o butiro, herba ne fiore,
  Ne arbor per portare vn dolce frutto   *Vin Corso.*
  Nasce, se non di Bacco il buon liquore.
Ma questo non auien Sertin per tutto,
  Se non in quattro palmi d'altra terra,
  Paese alquanto men sterile & brutto.
Spagnuoli & Turchi di pigliar la terra   *Suggetione*
  Non lasciano, & rubare i viandanti,   *de Corsali.*
  Spesso faccendo à noi medesmi guerra.
Come presenti noi certi briganti
  Sualigiorno alla Giaccia presto presto
  Vn Commessario, vn capitano & fanti.
Intorno all' vtil suo mai sempre desto
  Il Senato Roman, però non tenne
  Conto di tal terren come del resto.   *Caio Papirio*
Et se pur de Romani alcun vi venne   *trionfator de*
  Fu per far al paese ingiuria & danno,   *Corsi.*
  Come à molti altri gia rubelli auuenne.
Hor basta che dir posso hauer questo anno
  Grandißimi pericoli trascorso
  In terra è n mar con infinito affanno.   *Isoletta Cor-*
Dopo il qual pur, passato Cauo Corso,   *sica & Ciui-*
  L'Elba, Pianosa, è l monte che si noma *ta vecchia.*
  Di Christo, & tocco d'Hercol. porto il dorso,
Sono arriuato à saluamento à Roma.

             e 2   Mais

Mais par ce que i'ay cy deſſus faict mention de Caius
Papirius, qui donta & triompha de Corſegue , i'ay encor
voulu cy mettre ce que i'en ay leu dernierement à Rome
en ces tableaux de marbre, qui du temps de Pape Paul Fer-
nois furent trouuez au milieu de la place du Capitole.

Rome.

En la baſſe court du Palais des Conſeruateurs, jadis temple de Ioue Capitolin au Capitole.

Caij filius
Lucij nepos.

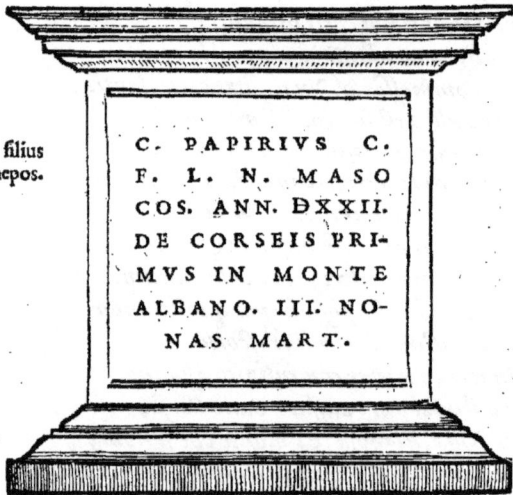

C. PAPIRIVS C.
F. L. N. MASO
COS. ANN. ÐXXII.
DE CORSEIS PRI-
MVS IN MONTE
ALBANO. III. NO-
NAS MART.

En

En ce lieu lon peult auertir à deux chofes : l'vne , comme les anciens marquoient le nombre de cinq cens par ce
Ð ainfi coupé, ce que nous n'accouftumons point auiourdhuy , comme le mil en cefte autre maniere ∞, en lieu
que nous peingnons vne M. Et l'autre, qu'ils vfoient fort de
ce diphthongue E I en lieu d'I. ce que lon verifie auffi en
plufieurs Medailles antiques , & mefme en vne que j'ay
d'argent de C. Memmius, ou d'vn cofté eft la tefte de Ioue
Capitolin,& au reuers vne Ceres auec ces paroles:

MEMMIVS ÆD. CERIALIA   AEdilis.
PREIMVS FECIT.

Et en vne autre Medaille de Seruilius, ou d'vn cofté eft
la tefte de Rome , & au reuers les deux freres Caftor &
Pollux, defquelz les Romains tenoient pour certain auoir
efté fouuent aydez en leurs batailles. Lon treuue auffi le
nom de Seruilius efcrit auec ce diphthongue.

Caftor & Pollux.

Medaille de
Seruilius.

Mais l'Epitaphe plus diphthongué que je veis jamais,
ha esté le present, tellement accoustré, que les Grecz n'en
vseroient quasi d'auantage.

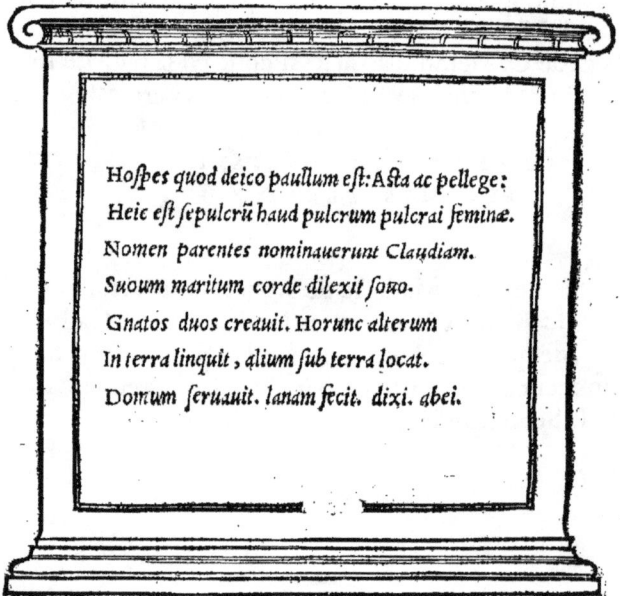

Hoſpes quod deico paullum eſt: Aſta ac pellege:
Heic eſt ſepulcrũ haud pulcrum pulcrai feminæ.
Nomen parentes nominauerunt Claudiam.
Suoum maritum corde dilexit ſouo.
Gnatos duos creauit. Horunc alterum
In terra linquit, alium ſub terra locat.
Domum ſeruauit. lanam fecit. dixi. abei.

C'est (comme je croy) le premier & plus vieux langage
accoustumé à Rome, auquel lieu ſi j'eusse voulu entreprendre de doubler tous les Epitaphes antiques respan-
duz çà & la, je n'eusse jamais fait, toutesfois j'en voulu bien
prendre aucuns (comme ceux cy) que je congneu estre
de meilleure grace.

                                          Rome

Rome.

En la maison du Cardinal Cesis.

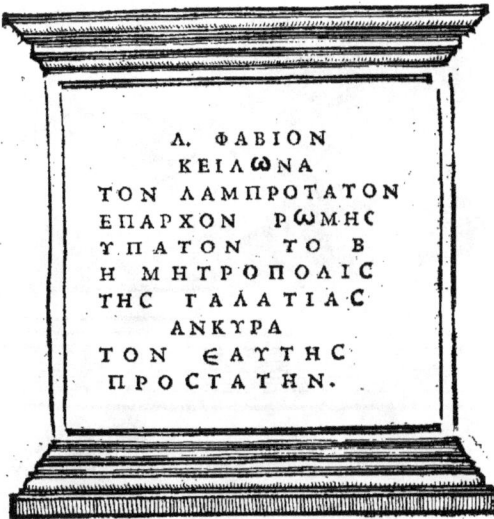

```
       Λ.  ΦΑΒΙΟΝ
        ΚΕΙΛΩΝΑ
   ΤΟΝ ΛΑΜΠΡΟΤΑΤΟΝ
   ΕΠΑΡΧΟΝ  ΡΩΜΗϹ
   ΥΠΑΤΟΝ    ΤΟ  Β
    Η  ΜΗΤΡΟΠΟΛΙϹ
    ΤΗϹ  ΓΑΛΑΤΙΑϹ
        ΑΝΚΥΡΑ
    ΤΟΝ  ΕΑΥΤΗϹ
    ΠΡΟϹΤΑΤΗΝ.
```

INTERPRETATION.

L. Fabium Cilona præclarum
Principem, Romæ Consulem II.
Metropolis Galatiæ Ancyra
sui ipsius Præsidem.

Non

Non gueres loing de ceſt Epitaphe en auoit vn autre en vn pillier de marbre, autant beau comme pitoyable, d'un poure mary qui ſe plaint de la mort de ſa femme, & de n'auoir gueres demeuré auec elle, nonobſtant tous ſes vœux & prieres faictes à la dame Venus.

Ingratæ Veneri ſpondebam munera ſupplex
    Erepta coniux virginitate tibi.
Perſephoné votis inuidit pallida noſtris,
    & præmaturo funere te rapuit.
Suppremum verſus munus donatus & aram,
    Et gratam ſcalpſit docta pedana chelyn.
Me nūc torquet amor, tibi triſtis cura receſſit,
    Lethiæoq; iaces condita ſarcophago.

Lon voit aufsi dans ce beau palais les enfeignes militai-
res , la caige & poullets des aufpices, les enfeignes anciennes de juftice, que les Rommains nommerent F A S C E S.
Ie vey aufsi vne ftatue de Pallas fort eftrangement accouftree : car elle ha fur l'armet vne Sphinge en lieu de Tymbre, fignifiant (comme je croy) fa premiere naiflance au
païs d'Afrique , lors qu'elle fut expofee fur le bord du lac
nommé T R I T O N,dont elle fut depuis appellee Tritonie:
laquelle ftatue je trouuay fi belle, que je n'ay rien efpargné
pour la faire cy pourtraire au naturel auec d'autres.

Singularitez
en la maifon
du Cardinal
Cefis.
Pallas.

Lac de Tritõ.

PALLAS.

Au mefme lieu j'auifay pareillemét ceft Epitaphe, que j'ay
faict cy mettre pour monftrer comme les Rõmains vifs &
morts eftoient exquis,& en tous leurs affaires magnifiques.

f   Mais

D   M
FABIAE
THEOPHI
LAE VIX
ANN LXV

Mais ce que je congnu encor plus digne d'eſtre mis en
lumiere, fut la preſente Bacchanale, toute taillée en marbre, & de main de bon maiſtre.

BACCHANALE.

Les

Les Grecz appellerent ces femmes Βαχεωΐες, à ſçauoir
follaſtres & deshonneſtes : car elles ſuiuirēt en grand nombre Bacchus quand il alla à la conqueſte des Indes. La
principalle d'elles, qui menoit la danſe, & ſacrifioit à Bacchus, offrant de trois en trois ans diuers preſens à ſon temple, en la montaigne nōmee Cytheron, s'appelloit Baccha,
Mena, Thyas , & Baſſaris, & les feſtes qu'elles faiſoient,
ORGIA, Bacchanalia & Dionyſia, ou les femmes de nuict   Orgia, feſtes
meſlees parmi les hommes , ſans aucun ordre enſemble   de Bacchus.
auoient liberté de faire ce qu'elles vouloient : deſquelles
parlant Ouide en ſon VIIII.liure de la Metamorphoſe, dit: Ouide.

Vtq; tuo motæ proles Semeleïa thyrſo
Iſmariæ celebrant repetita triennia Bacchæ.
Et au III.liure,
Liber adeſt, feſtisq; fremunt vlulatibus agri:
Turba ruit, miſtæq; viris matresq; nurusq;,
Et vulgus, proceresq; ignota ad ſacra feruntur.

Laquelle couſtume nous n'auons point (comme pluſieurs
actes vertueux & louables) oubliee vne fois l'an, quand le
jour & la nuict de Quareſmentrant nous faiſons, les folz
& du pis que nous pouuons parmi le vin, les viandes, les
danſes , & les femmes.

Or quant aux antiquitez du Cardinal Ceſis, je fey grand
conte que le maiſtre d'hoſtel de leans me monſtra dens
l'eſtude dudit Cardinal parmi pluſieurs autres choſes ſingulieres le chef de Scipion l'Africain , faict d'vn beau mar-   Teſte de Sci-
bre verd ſelon la grandeur naturelle de la teſte d'vn hom-   pion l'Afri-
me : duquel lieu je me tranſportay apres delà l'eaue en vn   cain.
autre fort beau logis, nommé de la Val, ou je trouuay en
vn grand marbre quarré la maniere des quadrans & ca-
lendriers tous enſemble, deſquelz ſouloient vſer les an-

ciens Rommains : & comme nous voyons en noz calen-
driers mis au deuant de noz heures , ou en noz Alma-
nachs , felon les moys & jours de l'an , les feftes de noz
Saints , tout ainfi l'on voit en iceluy les XII. Signes du
ciel marquez , les ligues qui monftrent les heures,
& tout au long defcendant en bas , les moys
& feftes principalles de leurs Dieux
en la maniere qui
fenfuit.

*

Calend

Calendrier Rommain.

Printemps.

MES. APR.	MES. MAI.	MES. IVN.
DIES XXX.	DIES XXXI.	DIES XXX.
NON. QVINT.	NON. SEPTIM.	NON. QVINT.
DIES HOR.	DIES HOR.	DIES HOR.
XII. S.	XIIII. S.	XV.
NOX	NOX	NOX HOR.
X. S.	VIIII. S.	VIIII.
	SOL TAVRO	SOLSTITIVM
	TVTELA	VIII. K. IVLII.
	APOLLINIS.	SOL GEMINIS
	SEGETES	TVTELA
	RVNCANTVR	MERCVRI
	OVES VIVVNT	FAENI SIC.
	LANA	VINEAE
	IVVENES	OCCANTVR
		SACRVM.
		HERCVLI
		SACRVM
		MARTIS
		FORTVNAE.

Lettres per-
dues par la
longueur du
temps.

f 3   Calend

Calendrier Rommain.

Efté.

MES. IVL.	MES. AVG.	MES. SEPT.
DIES XXXI.	DIES XXXI.	DIES XXX.
NON. SEPTIM.	NON. QVINT.	NON. QVINT.
DIES HOR.	DIES HOR.	DIES HOR.XII.
XIIII. S.	XIII. S.	NOX HOR.XII.
NOX HOR.	NOX HOR.	ÆQVINOCI.
VIIII. S.	X. S.	VIII. K. OCT.
SOL CANCRO	SOL LEONE	SOL VIRGINE
TVTELA	TVTELA	TVTELA
IOVIS	CÆRERIS.	VOLCANI
MESSES	PALVS	DOLEA
HORDIAR.	PARATVR	PICANTVR.
ET FABARIÆ	MESSES	POMA
APOLLINAR.	FRVMENTA	LEGVNTVR.
NEPTVMNAL.	STVPLÆ	ARBORVM
	INCENDVNTVR	OBLAQVEATIO.
	SACRVM	EPVLVM
	SPEI SALVTI	MINERVÆ.
	DEANÆ	
	VOLCANO.	

Calend

Calendrier Rommain.

Automne.

MES. OCT.	MES. NOV.	MES. DEC.
DIES XXXI.	DIES XXX.	DIES XXXI.
NON.SEPTIM.	NON.QVINT.	NON. QVINT.
DIES HOR.	DIES HOR.	DIES HOR.
X. S.	VIIII. S.	VIIII.
NOX HOR.	NOX HOR.	NOX HOR.
XIII. S.	XIII. S.	XV.
SOL LIBRA	SOL SCORPIONE	SOL SAGITT.
TVTELA	TVTELA	TVTELA
MARTIS	DEANAE	VEST Æ.
VINDEMIÆ	SEMENTES	HIEMIS
SACRVM	TRITICARIÆ	INITIVM.
LIBERO.	ET HORDIAR.	SIVE TROPEÆ
	SCROBATIO	CHIMER. VINEÆ
	ARBORVM	STERCORANTVR
	IOVIS	FABA SERITVR
	EPVLVM	MATERIAS
	HEVRESIS.	DECIENTES
		OLIVA
		LEGITVR.

Calend

Calendrier Rommain.

Hyuer.

MES. IAN.	MES. FEBR.	MES. MART.
DIES XXXI.	DIES XXVIII.	DIES XXXI.
NON.QVINT.	NON.QVINT.	NON.SEPTIM.
DIES HOR.	DIES HOR.	DIES HOR. X.
VIIII. S.	X. S.	NOX HOR.XII.
NOX HOR.	NOX HOR.	ÆQVINOCI.
XIII.	XIII.	VIII. K. APR.
SOL CAPRICOR.	SOL	SOL PISCIBVS
TVTELA	AQVARIO	TVTELA
IVNONIS.	TVTELA	MINERVÆ
PALVS	NEPTVMNI.	VINEÆ ET
AQVITVR.	SEGETES	PEDAMINA
SALIX	SARIVNTVR	IN PASTINO
HARVNDO.	VINEARVM	PVTANTVR
CEDITVR	SVPERFICIVM	TRIMENS ⴟ ꝸ
SACRIFIC.	COLITVR	SERITVRʓꝯ·
DIIS	HARVNDO·	ναυιδμτ
PENATIBVS.	INCENDIT	ϧμϫᵗⁿαⲙ
	LVPERCAL	ηϡⲛⲉᵗⲉⲏϭ
	PARϧᴇᶻᶻⲁᵛⲉ	μϧϧⲱⲛϧⲁⲩ
	ⲟϫ�04ᶻⲉⲛϫ̥	ϫⲩⲱϸⲁⲉⲁ

Ce

Ce beau marbre me donna courage de chercher encor
leans s'il y auoit autre chofe digne de memoire : & ainfi
fouillant par tout auec le congé du maiftre, j'apperceu au
deffus de la porte d'vne chambre baffe vn autre petit
marbre faict en forme de Triangle, & rempli de quelques
figures:& combien que la chambre fuft grandemét obfcu-
re, & la pierre affez haulte, j'enuoyay incontinent querir
vne torche & vn Peintre, qui monté là fus, me rapporta la
forme du Tricline, & comme les Rommains auoyent de
couftume de banqueter ainfi couchez enfemble : laquelle
chofe commé grandement defiree de plufieurs gens doctes, j'ay bien voulu faire icy pourtraire au naturel ainfi que
je l'ay veuë.

Forme du Tricline des anciens Rommains,
en la maifon du Seigneur
Brutus de la Val à
Romme.

ROMANI
DISCVMBENTES
IN TRICLINIO +

g   Voyant

Voyant à la fin le seigneur dudit logis, que j'estois si curieux des choses antiques, me donna vne medaille d'argent de Pompee, frappee apres la victoire des Pirates, où
d'vn costé est la teste de Minerue, & au reuers le mesme
Pompee sus vne Prouë de gallere, qui en prenant vne Palme, rend graces à la Deesse de ladicte victoire : nous admo-
nestant que en toutes noz felicitez, nous ne deuons point
oublier Dieu, souuerain donateur d'icelles : tout ainsi que
nous nous trouuerrons le plus souuent trompez, que enor-
gueilliz nous mettrons en icelles nostre perpetuelle espe-
rance, pouuans desormais auoir assez clairement apperceu
quil ni ha en ce monde (bonne ou mauuaise qu'elle soit)
aucune chose perdurable.

Pompee.

Medaille de
Pompee.

De ceste victoire, auec les autres faits dudit Pompee,
est faict mention en plusieurs lieux, & mesme en vn
grand tableau, qui fut jadis trouué en terre au païs de
Romme.

Faits

Faits de Pompee.

POMPEIVS SICILIA
RECVPERATA, AFRICA
TOTA SVBACTA, MAGNI
NOMINE INDE CAPTO,
AD SOLIS OCCASVS
TRANSGRESSVS EXACTIS
IN PYRENEO TROPHEIS,
OPPID. DCCC. LXXXVI.
AB ALPIBVS AD FINES
HISPANIÆ REDACTIS,
SERTORIVM DOMVIT,
BELLO CIVILI EXTIN-
CTO ITERVM TRIVM-
PHALES CVRRVS EQVES
ROMANVS INDIXIT.
DEINDE AD TOTA MARIA
ET SOLIS ORTVS MISSVS,
NON SE IPSVM TANTVM,
SED PATRIAM CO-
RONAVIT.

Temple de Minerue.   Ce pourroit bien eftre le mefme tableau de marbre, que luy mefme auoit fait mettre deuant le Temple de Minerue, bafti à fes defpens, attendu que plus particulierement il y parle de la victoire des Corfaires, difant:

TERRIS A MEOTI AD RVBRVM MARE SVB-
ACTIS, CVM ORAM MARITIMAM A PRÆ-
DONIBVS LIBERASSET, ET IMPERIVM MA-
RIS PO. RO. RESTITVISSET, &c.

Ce que encor mieux il declaire en vne autre fienne medaille d'argent, ou d'vn cofté eft fa tefte, & au reuers ces paroles,

Medaille de Pompee.   P R Æ F E C T V S   C L A S S I S   E T   O R Æ

M A R I T I M Æ.

Comparaifon entre Pompee & Cefar.   Certes qui vouldroit nier que Pompee en fon premier aage n'euft efté vn grand perfonnage, auroit le plus grand tort du monde. Mais apres qu'il fut queftion d'experimenter le fçauoir, & bon confeil entre luy & Cefar, & que tous deux eurent les foldats de mefme (eftans Rommains, tant d'vn cofté que d'autre) Cefar manifefta qu'il eftoit plus grand homme de guerre, plus braue, & de meilleur entendement que luy: mefme qu'il eftoit inferieur en nombre de foldats grandement à Pompee. Parquoy il appert que non la grande quantité des hommes (comme j'ay ailleurs proué par mes Obferuations militaires) mais la prudence d'vn bon Capitaine donne les victoires: Car Pompee apparut grand tandis qu'il eut affaire en Afrique, en Afie, & en Efpagne, ou les hômes defarmez & ignorans de la difcipline militaire à l'encôtre des Rômains exercitez aux armes, endurciz au labeur, & fobres & continents, finon en cherchant honneur & louenge, perdoient à tous les coups la

bataille:

bataille : dont il n'eſtoit pas grand beſoing d'experimenter
le cerueau du Capitaine , tout ainſi qu'il aduint du grand
Alexandre, lequel (ſans luy oſter toutesfois la louenge qu'il *Alexandre*
merita en tout plain d'autres endroits) faiſant la guerre à *le grand.*
ſemblables nations, peut facilement obtenir la victoire des
Indes auec le Royaume de Perſe. C'eſt ni plus ni moins
comme d'aucuns autres Capitaines , auſquelz l'on donne
louenge tandis que par le moyen de quelque bon ſerui-
teur, ou laſcheté des ennemis, auſquelz ils ont à faire , ils
gaignent quelque choſe : mais depuis que l'on vient à faire
experience de leur particulier ſçauoir , & eſprouuer force
contre force pareille , perdent incontinent le credit & la
reputation fauſſement acquiſe & empreinte dans la teſte
des hommes , ne ſe declairans telz que Cicero les deſcrit
en la IIII.Philippique, diſant:

Imperatores appellandi ſunt , quorum virtute & conſilij
felicitate , maximis periculis ſeruitutis atque interitus libe- *Cicero.*
rati ſumus.

Lequel honneur ont publiquement acquis Mets, Calez
& Thionuille à Monſeigneur le Duc de Guiſe voſtre frere. *Duc de Guiſe.*
Toutesfois l'affection des Princes eſt quelquefois ſi grande , que ſans auoir eſgard à la ſuffiſance des perſonnes,
voulans auſsi bien ſouuent complaire à leurs mignons,
donnent les charges à qui ne les merite , ou bien ſouuent
l'oſtent à ceux deſquelz ils reçoiuent apres autant où plus
de dommage, comme ils en ont & euſſent touſiours receu
d'aggreables & notables ſeruices, teſmoing la meſcroyance
du Senat de Romme, & l'enuie auec l'ambition & auarice
de Pompee, qui, refuſans à Ceſar l'entretenement & honneur que ſa vertu meritoit, luy donnerent iuſte occaſion
de ſe declairer & monſtrer ennemy de ſa patrie, & ruïner à
la fin & les vns & les autres, donnant ainſi à cognoiſtre au

monde

monde quil ne fault jamais defdaigner ni defefperer oū
mefprifer vn galant homme, qui en vn bon affaire vaudra
tout feul pour dix mille perfonnes, ainfi que nous lifons de
Dauid, duquel apres la mort du Geant Goliath, le peuple Iuif prononçoit ces mots en fa louenge:

Saul mille, & Dauid decem millia.

Monfeigneur, laiffant vn peu à part les marbres antiques, je me veulx hazarder de nombrer parmi eux (car je
ne fuis pas de ceux là, qui legierement par le rapport des
hommes font vne mauuaife impreffion des perfonnes,
taifant ou tafchāt d'annichiler la louenge qu'elles ont meri-
tée faifant quelque bel acte) le moderne Decret ou Edict,
que je veis en la ville Iulie, baftie hors de Romme, non
loing de la porte de Populo, par le Pape de Monté, m'eftant
auis quil merite bien d'auoir place entre les plus belles anciennes memoires que l'on treuue.

En la gallerie de la fontaine
de ville Iulie.

Defenfion de Pape Iule. (margin)

D E O   E T   L O C I   D O M I N I S   V O L E N T I B V S.

Decret de Pape Iule III. (margin)

Hoc in suburbano omnium si non quot in orbis, at quot in vrbis sunt ambi-
tu pulcherrimo, ad honestam potißimè voluptatem facto, honestè volu-
ptuarier cunctis fas honestis esto : sed ne forte quis gratis ingratus fiet,
iußa hæcce ante omnia omnes capeßunto.
Quouis quisque ambulanto. Vbiuis quiescunto : verùm hæc citra somnum,
circumsepta illud.
Paßim quidlibet luftranto, ast nec hilum quidem Vsquam attingunta. ſ
Qui secus faxint, quidquàmue clepserint, aut rapserint,
Non iam Vt honefti moribus, sed Vt furtis onufti in crucem peßumam
arcentor.
Ollis Vero qui florum, frondium, pomorum, olerum, aliquid petierint, Vil-
lici pro anni tempore, pro rerum copia & inopia, proq, merito cuiusque
largiuntor.

Aquam

Aquam hanc, quòd virgo est, ne temeranto, sitimáq, fistulis non flumine, poculis non osculo aut volis extingunto.

Piscium lusu oblectantor, cantu auium mulcentor, at ne quem interturbent interim cauento.

Signa, statuas, lapides, picturas, & cætera totius operis miracula quandiu lubet obtuentor, dum ne nimio stupore in ea vortantur.

Si cui quid tamen haud ita mirum videbitur eorum causa, quæ nemo mirari sat quiuit, æquo potius silentio quàm sermonibus iniquis præterito.

Dehinc proxumo in templo Deo ac Diuo Andreæ gratias agunto, vitamáq, & salutem Iulio III. Pont. Max. Balduino eius fratri, & eorum familiæ vniuersæ plurimam & æuiternam precantor.

Huic autem suburbano speciem atque amplitudinem pulchriorem in dies maioremáq, in eo quicquid inest felix, faustum, perpetuum optanto.

HISCE ACTIS VALENTO, ET
SALVI ABEVNTO.

Cefte fontaine fut jadis par le commandement de Marcus Agrippa amenee par conduits à Romme, & toufiours depuis appellee l'eaue vierge, par ce que vne fille defcouurit aux foldats d'Agrippa la conferue d'icelle en vne maifon de plaifance de Lucullus l'an x x v. de l'Empire d'Augufte, & de la fondation de Romme, D C C. XX XIIII. Mais quant aux autres fingularitez que je vey leans, ce feroit chofe non feulement difficile, mais quafi impofsible les compter treftoutes, comme celles, qui amaffees de tous coftez font prefque innumerables : toutefois ayant retenu le patron d'vne ftatue de marbre d'vne Venus auec fon Cupido, qui monftre auoir defpouillé Mars de toutes fes armes, j'ay prins aufsi plaifir de la faire cy pourtraire, & interpreter le fens, pourquoy elle ha efté ainfi premierement formee.

M.Agrippa.

Eaue vierge.

Statue

Statue de Venus.

Interpreta-
tion de la fta-
tue de Venus. Ie treuue que en la plus grande partie les ftatues faictes
par les mains des Grecz, eftoient nues, comme celles des
Rommains habillees de quelque linge ou d'vne robbe:
& d'auantage que toutes eftoient formees auec quelque
myftere ou fens allegorique. Parquoy ayant bien la prefente regardee & confideree, fuis d'opinion que le maiftre
Grec, qui la feit, ne voulut par icelle entendre autre chofe, finon que tout homme (& mefme ceux qui hantent
la guerre) oublient & perdent incontinent les armes,
s'adonnans trop à vne vie voluptueufe, ainfi qu'il aduint
des foldats d'Hannibal à Capoue, & des Rommains apres
auoir pillé les richeffes d'Afie.

Apres

Apres auoir demeuré à Romme VIII. jours, je prins la
poſte, & m'en allay trouuer noſtre camp, qui pour lors
eſtoit à Fermo, ville de laquelle pluſieurs anciens autheurs
ont faict mention parmi leurs liures. Là je trouuay auſſi
pluſieurs beaux Epitaphes antiques, entre leſquelz eſtoient
ceux cy.

Antiquité de
Fermo.

Fermo en la Marque
d'Ancone.

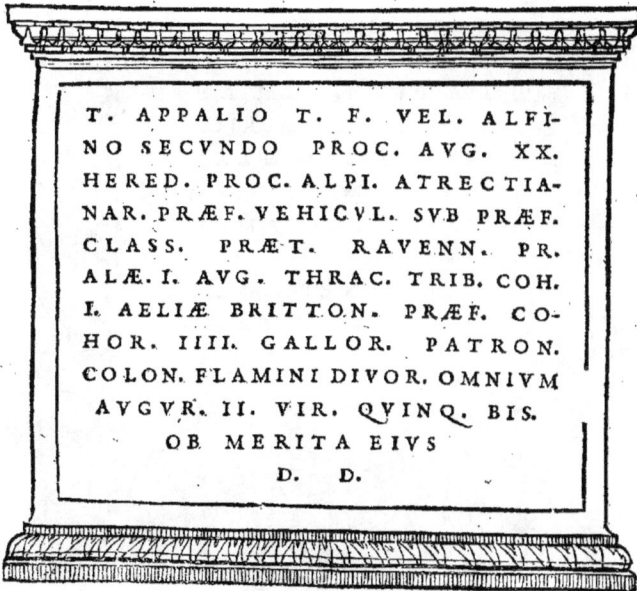

T. APPALIO T. F. VEL. ALFI-
NO SECVNDO PROC. AVG. XX.
HERED. PROC. ALPI. ATRECTIA-
NAR. PRÆF. VEHICVL. SVB PRÆF.
CLASS. PRÆT. RAVENN. PR.
ALÆ. I. AVG. THRAC. TRIB. COH.
I. AELIÆ BRITTON. PRÆF. CO-
HOR. IIII. GALLOR. PATRON.
COLON. FLAMINI DIVOR. OMNIVM
AVGVR. II. VIR. QVINQ. BIS.
OB MERITA EIVS
D. D.

Tiri filio
veliti.
Procuratori.

Præfecti
vehiculi.
Claſsis præ-
toriæ Rauen-
natis. Prætori
vel Propræ-
tori Alæ pri-
mæ Auguſtæ
Thraciæ, Tri-
buno cohor-
tis primæ.

Decreto De-
curionum.

Lucio Volca-
tio Quinti fi-
lio veliti pri-
mo præfectui
cohortis pri-
mæ Norico-
rum in Panno
nia, &c.

L. VOLCATIO Q. F. VEL.
PRIMO. PRÆF. COH. I.
NORICOR. IN PANNON.
PRÆF. RIPÆ DANVVI ET
CIVITATIVM DVARVM
BOIOR. ET AZALIOR.
TRIB. MILIT. LEG. V.
MACEDONICÆ IN MOE-
SIA PRÆF. ALÆ I. PAN-
NONIOR. IN AFRICA II.
VIRO QVINQ. FLAMIN.
DIVORVM OMNIVM P.
C. EX TESTAMENTO
EIVS POSITA. M. AC-
CIO SENECA. MANI-
LIO PLANTA II.
VIR. QVINQ.

Pecunia con-
ftituta.

Duumuir
Quinquiesvel
Quinto.

L. VOLCACIO. Q. F.
VEL. PRIMO. II. VIR.
II. QVINQ. FLAM.
DIVOR. OMN. P. C.
EX TESTAMENTO
EIVS POSITA.
Q. LICINIO CRI-
SPINO C. HEREN-
NIO MAXIMO
II. VIR.

Vt suprà.

Duumuir.

Iay opinion que ce fuſt iceluy meſme Volcatius, qui

Conſulats de Volcatius. eſtoit Conſul auec M.Lepidus du temps que Cicero fut
auſſi Preteur de Romme, lors qu'il remedia à la coniura-
tion de Catiline, auec Cneus Piſo qui mourut en Eſpagne, auant que la trahiſon fuſt deſcouuerte. Lon lit auſſi
qu'il fut Conſul auec C.Ceſar, & la troiſieme fois auec
Meſſala du temps d'Auguſte, l'an D C C. X I X. apres la fondation de Romme, que Agrippa feit amener de ſix lieuës
Fontaine Tepula. loing la fontaine appellee Iulia & Tepula à Romme.

Monſeigneur, je ne m'eſmerueille point ſi au temps
paſſé les anciens Rommains venoient ſi toſt au deſſus des
plus grans affaires, attendu que (comme lon cognoiſt par

Sageſſe & bonne nature des Rômains. ces Epitaphes)ils auáçoient & employoiët aux affaires publiques les perſonnes (quelles qu'elles fuſſent)addonnees à
la vertu, & ſelon leurs merites, auſquelz le Senat meſme
prenoit garde,ſans s'arreſter aux rapports des hommes,qui
bien ſouuët aiguillonnez & pouſſez d'enuie & d'ignorance, blaſmans en vn autre le bien, le ſçauoir & bon eſprit
qui leur fault,oſtent l'enuie aux Princes de legiere croyan-
ce,d'employer la vertu des hommes, qui leur feroiët pour
vn million d'autres innumerables ſeruices: dont viennent
apres les pertes & dommages des Empires, ainſi que nous
liſons de celuy de Romme tombé entre les mains de
Commode, lequel ſeulement ſubiet à ſon plaiſir, comme
cõmença à diſtribuer les offices & magiſtrats à ſes fauoris

Offices&be-nefices mal employez. meurtriers,paillards,flatteurs,&macquereaux, commença
auſſi à mettre en deſordre la police & juſtice de l'Empire,
juſques à ce que allant peu à peu en declination, il tresbu-
cha du tout en ſa derniere ruïne. Duquel propos retour-
nant à mon premier des Epitaphes retrouuez à Fermo,
je rencontray en ladiête ville vn libraire, qui me diſt que
l'an M. D. X L V I I I. lon trouua dens la montaigne, qui eſt

au

au milieu de la cité, que les habitans nõment GERONE
& Girifalco, en XVII. vafes de terre IIII. liures & demy
de medailles d'argent, auec vne petite figure de metal, &
en vn tableau de cuiure engraué les noms de ces perfonnages:

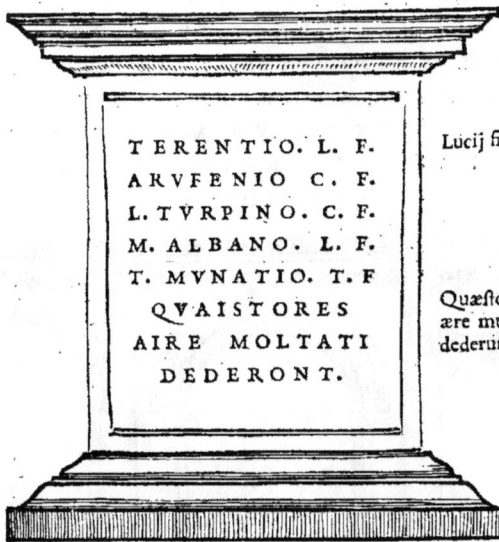

TERENTIO. L. F.   Lucij filio.
ARVFENIO C. F.
L. TVRPINO. C. F.
M. ALBANO. L. F.
T. MVNATIO. T. F
QVAISTORES   Quæftores
AIRE MOLTATI   ære mulĉtati
                        dederunt.
DEDERONT.

Partant de Fermo apres que le camp fut rompu, je paf-
fay en Ançone, cité fort ancienne, affife fur la Mer
Adriatique, & ou fouloit jadis eftre le temple d'Apollo, Temple d'A-
richement bafty par Tybere, & nommé auiourdhuy San cone.
Creato : auquel lieu je vey auffi l'Arc que feit faire fur le Arc de
port, le bon Empereur Traian, & y engrauer entre les Traian.
autres femblables paroles:

h 3   Anco

Ancone port de Traian.

IMP. CÆS. DIVI NERVÆ F. NERVÆ TRA-
IANO OPT. AVG. GERMANICO DACI-
CO PONT. MAX. TRIB. POT. XVIII.
IMP. XI. COS. VI. PP. PROVIDENTIS-
SIMO PRINCIPI S. P. Q. R. QVOD
ACCESSVM ITALIÆ HOC ETIAM
ADDITO EX PECVNIA SVA PORTVM
TVTIOREM NAVIGANTIBVS
REDDIDERIT.

PLOTINÆ VXORI

MARTIAE SORORI

A prop

A propos de ce Port j'ay recouuert depuis vne medaille
de cuiure aſſez rare dudit Empereur, ayãt d'vn coſté ſa teſte,
& de l'autre vn Pont, que pluſieurs (en ceſt endroit ce me
ſemble mal auiſez) ont dit eſtre le ſuſdit Port de Traian:
mais je ſuis de contraire opinion, & me ſemble plus toſt le
Pont que le bon Empereur ſeit faire ſur le Danuue, allant à   Pont faiƈt ſur
le Danuue.
la conqueſte de Dacie, entrepriſe de vray grandemét mer
ueilleuſe, & de laquelle (ainſi que j'ay ailleurs monſtré en
mon dernier liure de Ceſar renouuellé par mes Obſeruations militaires) ledit Empereur ſeit à perpetuité engrauer
en vn marbre ſemblables paroles:

Marbre antique en Dacie.

> PROVIDENTIA AVG. VERE PON-
> TIFICIS VIRTVS ROMANA QVID
> NON DOMET? SVB IVGVM ECCE
> RAPITVR ET DANVBIVS.

Traian.

Medaille de
Traian.

Icy je m'embarquay pour aller à Venize, mais ayant touſiours le vent contraire, fus contraint demeurer à Peſero,
ville joyeuſe, & ſubiette au Duc d'Vrbin, & ou je trouuay
ces Epitaphes:

Peſer

Pefero.

ABEINÆ. C. F. BALBI-
NÆ FLAMINICÆ PI-
SAVRI ET ARIMINI PA-
TRONAE MVNICIPI.
PITINATIVM PISAV-
RENSIVM HVIC ANNO
QVINQ. NAT. PETINIA
PRISCA MARITI EIVS
PLEBS VRBANA PISAV-
RENSIVM OB MERITA
EORVM ʔʔ⁺ʳᵈᵉᵃ CVI
IMP. nˡᵃᵈⁱⁱᵈⁱⁱᵉᵗᵉᵃᵃᵉˢ
ᵗˢᵃˢᵃˡⁱᵗⁱˣᵃⁿᵒʳᵒˢᵗ
ᵃⁿᵃˣᵈᵃᶠᶠˢᵉ IVS
COMMVNE LIBERO-
RVM CONCESSIT.
L. D. D. D.

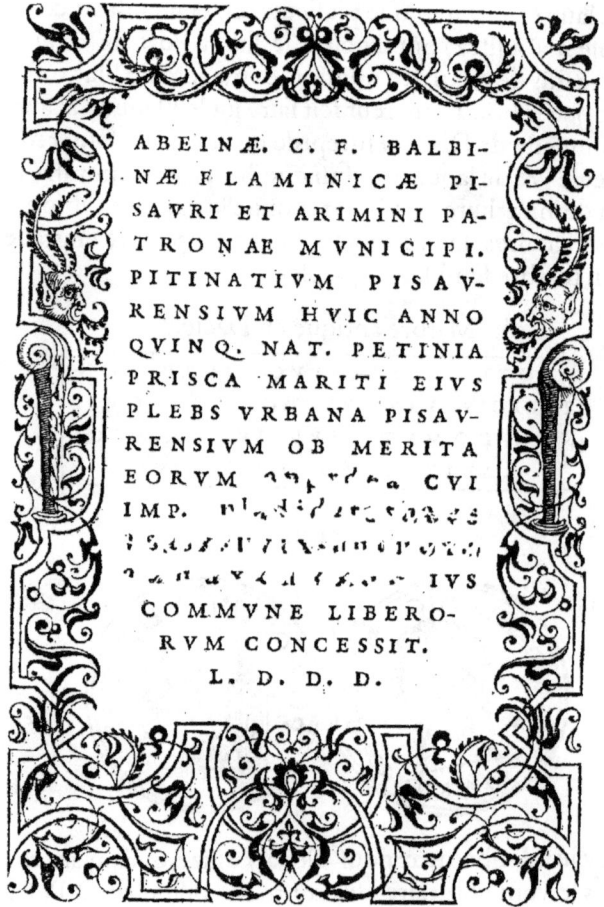

Locus datus
Decreto De-
curionum.

C. MVT

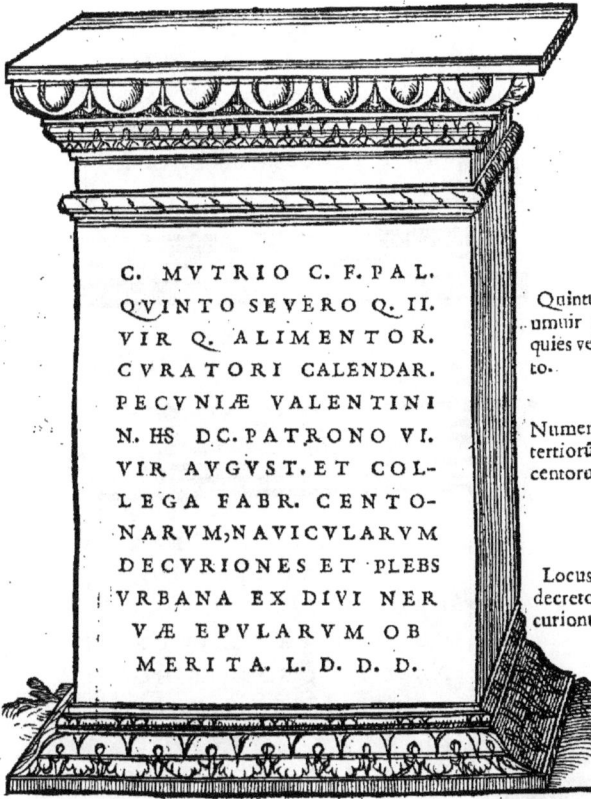

C. MVTRIO C. F. PAL.
QVINTO SEVERO Q. II.
VIR Q. ALIMENTOR.
CVRATORI CALENDAR.
PECVNIÆ VALENTINI
N. HS D.C. PATRONO VI.
VIR AVGVST. ET COL-
LEGA FABR. CENTO-
NARVM, NAVICVLARVM
DECVRIONES ET PLEBS
VRBANA EX DIVI NER
VÆ EPVLARVM OB
MERITA. L. D. D. D.

Quintus du-
umuir quin-
quies vel quin
to.

Numero fex-
tertiorū fex-
centorum.

Locus datus
decreto De-
curionum.

i   M. NÆ.

Palmensi Ae-
dili carissimo
collegæ fa-
brûm.

Vt suprà.

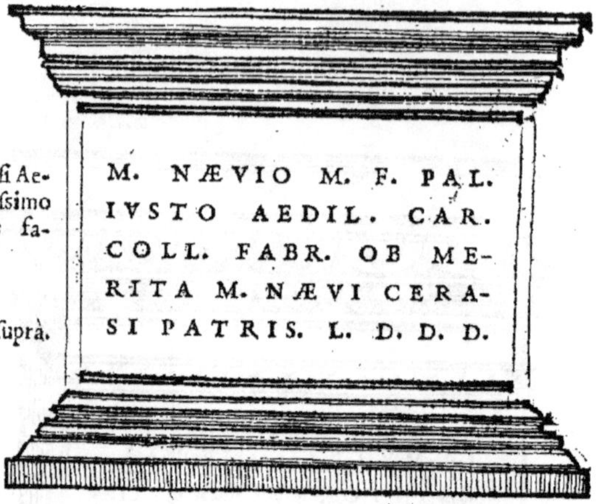

M. NÆVIO M. F. PAL.
IVSTO AEDIL. CAR.
COLL. FABR. OB ME-
RITA M. NÆVI CERA-
SI PATRIS. L. D. D. D.

Sextertia nu-
mero viginti.

Vt suprà.

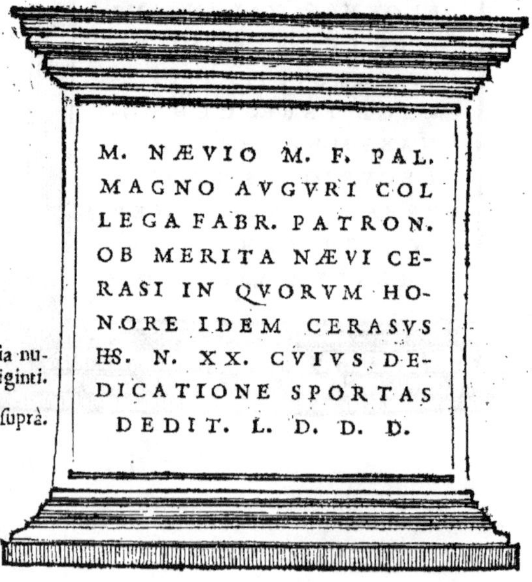

M. NÆVIO M. F. PAL.
MAGNO AVGVRI COL
LEGA FABR. PATRON.
OB MERITA NÆVI CE-
RASI IN QVORVM HO-
NORE IDEM CERASVS
HS. N. XX. CVIVS DE-
DICATIONE SPORTAS
DEDIT. L. D. D. D.

C. SEN

C. SENTIO C. F.
PAL. VALERIO FAV
STINIANO II. VI-
RO AVGVR. VICA-
NI VICORVM VII.
COLLEG. FABR. ET
CENTONARVM EX
AERE COLLATO
QVOD IN HONORE
II. VIRATVS INDV-
STRIAE ADMINI-
STRATO OMNIBVS
PLEBIS DESIDE-
RIIS SATISFECIT.
L. D. D. D.

Ie fus marry eſtant par mer, de ne pouuoir paſſer à Fano, ayant ſouuenance de y auoir autrefois leu vn ſembla-
ble Epitaphe.

Fano.

> M. ANNOLVS PONTICVS
> SIBI ET SABINAE.
> *Docta lyra, grata & geſtu formoſa puella*
> *Hac iacet æternum Sabis humecta domo.*
> *Cuius fatalis penſare optauerit horas*
> *Ponticus, huic coniux vltima dona dedit.*

Toutefois j'ay depuis recompenſé tel deſplaiſir par vn
grand gain que j'ay faict d'auoir trouué en deux belles cornioles la teſte de Cicero & celle d'Agrippine mere de l'Em
pereur Nero, leſquelles furent jadis recouuertes en ladite
ville de Fano, & paſſans d'une main en ſautre ſont à la fin
tombees entre les miennes.

CICERO.   AGRIPPINA.

CORNIOLES
ANTIQVES.

A Peſero donc je reprins la poſte, & arriué à Rimini
ville Papale, vey vn marbre de Ceſar reſtitué en la grande
place, duquel j'ay parlé en mon premier liure des Obſeruations

Liure des Ob-
ſeruatiôs mi-
litaires.

tions militaires, enſemble ceſtuy autre que je treuue non
gueres moins beau.

Rimini.

C. CÆSAR
AVG. F.
COS.
VIAS OMNES
ARIMINI STERTIT.

Ceſt l'vne des choſes, qui me faiƌ porter enuie aux
Princes, qui ont moyen de rendre leurs noms immortelz
par leurs bienfaiƌs, employez quelquefois pour la Police
des villes,& au proufit de la Republique.Et ſi d'auenture ils
ne le font,il en aduiƌt que au bout de trois jours,q̃uilz ſont
morts,lon ne parle plus d'eux, comme nous parlons encor
touſiours de tant de Cõſulz, & bons Empereurs de Romme,& parlera on du magnanime cœur du feu Roy Fran-
çois, lequel de ſon temps, à ſenuie des anciens, remiſt ſus Louenge du
tous les ſept arts liberaux, & entre les autres ſciences la Roy Frãçois.
Poëſie, la Muſique, la Painture, la Sculpture, l'Architeƌu-
re,& l'Agriculture, dont la preſente Police Françoiſe luy
ſera à jamais tenue & redeuable. Mais quãt aux memoires
plus ſingulieres que je vey à Rimini, furent ces deux Tableaux des faiƌs & geſtes de Fabius & Marius.

i 3   Vie

Vie & faicts de Fabius Maximus.

Estats de Fa-
bius.
Consul quin-
quies, censor,
Interrex bis,
ædilis curulis
quinquies, bis
tribunus mi-
litum, bis pon
tifex augur.

Q. FABIVS MAX. DICTATOR BIS
COS. V. CENSOR Ἱππάρχης REX
II. ÆD. CVR. Q. II. TRIB. MIL.
II. PONT. AVGVR PRIMO CON-
SVLATV LIGVRES SVBEGIT, EX
IIS TRIVMPHAVIT TERTIO ET
QVARTO. HANIBALEM CONPLV-
RIBVS VICTORIIS FEROCEM SVB-
SEQVENDO COERCVIT. MAGISTRO
EQVITVM MINVTIO QVO VIS PO-
PVLVS IMPERIVM CVM DICTA-
TORIS IMPERIO ÆQVAVERAT,
ET EXERCITVI PROFLIGATO
SVBVENIT, ET EO NOMINE AB
EXERCITV MINVTIANO PATER
PATRIÆ APPELLATVS EST. COS.
V. TARENTVM CEPIT, TRIVM-
PHAVIT VIR ÆTATIS SVÆ CAV-
TISSIMVS ET REI MILITARIS
PERITISSIMVS HABITVS EST.
PRINCEPS IN SENATV DVOBVS
LVSTRIS LECTVS EST.

Vie & faicts de C. Marius.

C. MARIVS COS. VII. PR. TR.
PL. Q. AVGVR TRIB. MIL. EX-
TRA SORTEM BELLVM CVM
IVGVRTHA REGE NVMIDIAE
POSTQVAM GESSIT EVM CE-
PIT TRIVMPHANS. IN II. CON
SVLATV ANTE CVRRVM SVVM
DVCI IVSSIT. TERTIVM COS.
ABSENS CREATVS EST. IIII. COS.
TEOTONORVM DELEVIT EXER
CITVM. V. COS. CIMBROS FVDIT
EX ILLIS ET TEOTONIS ITE-
RVM TRIVMPHANS. REMPVBLI-
CAM SEDITIONIBVS TR. PL. ET
PRETORVM QVI ARMATI CA-
PITOLIVM OCCVPAVERVNT VI.
COS. VINDICAVIT. POST LXX.
ANNVM PATRIA PER ARMA CI-
VILIA PVLSVS ARMIS RESTI-
TVTVS VII. COS. FACTVS EST.
DE MANVBIIS CIMBRICIS ET
TEOTONIS ÆDEM HONORI ET
VIRTVTI VICTOR FECIT. VE-
STE TRIVMPHALI CAL-
CEIS PATRICIIS.

Eſtats de Ma-
rius.
Coſul ſepties
Prætor Tri-
bunus plebis.
QuinquiesAu
gur Tribunus
militum.

Arc trióphal
à Rimini.

Là je vey aussi vn Arc triomphal,& en diuers lieux plusieurs choses antiques, desquelles je n'euz loisir de prêdre
& porter le double auec moy : mais parti de là,& arriué assez de bonne heure à Rauêne,me mis à l'enqueste,& trouuay en premier lieu le sepulcre de Dante.

Rauenne.

Tombeau de Dante Poëte & Phi-
losophe Florentin.

Epitaphe.

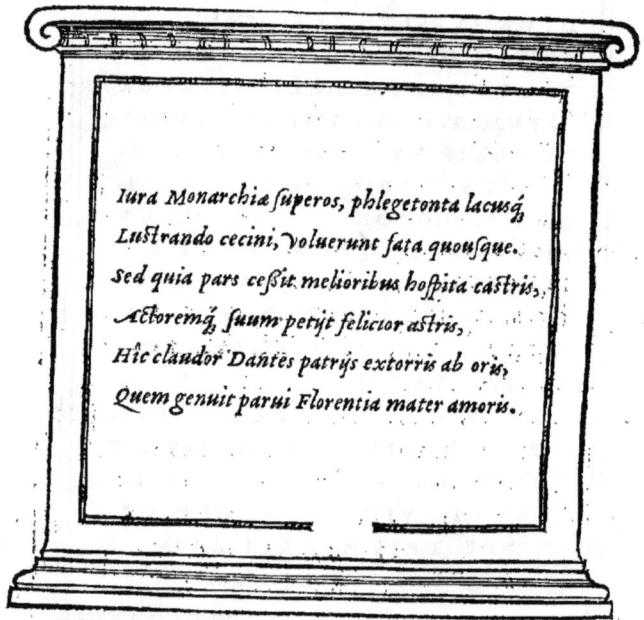

Iura Monarchiæ superos, phlegetonta lacusᵹ
Lustrando cecini, voluerunt fata quousque.
Sed quia pars cessit melioribus hospita castris,
Actoremᵹ suum perijt felicior astris,
Hîc claudor Dantès patrijs extorris ab oris,
Quem genuit parui Florentia mater amoris.

Ie prins

Ie prins certes grand plaisir, voyant que ce bon Poëte
(lequel, comme ie presuppose, deut faire luy mesme son
Epitaphe) trouua bon de rimer encores en sa Poësie Latine: à la fin de laquelle appellant Florence mere de peu d'a-
mitié, il me feit souuenir d'vn Sonnet, que jadis je laissay
deuant son image, lequel combien qu'il fust depuis parmi
d'autres imprimé à Venise, je l'ay toutesfois voulu cy renouueller, comme matiere conforme à la conclusion du
susdit Epitaphe.

Sonnetto à Dante.

Spirto diuin, di cui la bella Flora
   Hor pregia quel, che gia teneua à vile,
   Il chiaro nome tuo, l'opra sottile,
   Che lei di gloria, & te di vita honora.
Ecco me lasso, à te simile anchora
   Nel cercar nuoua Patria, & cangiar stile,
   Ch' inuidia ogn'alma nobile & gentile
   Cosi perseque sino all' vltima hora.
Doglianci insieme? Tu su in grembo à Gioue,
   Io giunto in tempo si peruerso & duro,
   Ch' assai meglio saria non esser nato,
Et facciam sede al secolo futuro,
   Tu qui con l'ossa, Io con la vita altroue,
   Ch' huom di virtu poco alla Patria è grato.

Libro di Dan
te.

Nemo bonus
in patria.

Les accidens & reuolutions passees de la cité de Florence ne lairront point trouuer estrange à gens sages (car
je ne tiens aucun conte des autres) la complainte de Dante, ni celle de Petrarque en sa chanson d'Italie, ni du Boc-
cace en son Conte du petit Hermite, ni ce que moy
mesme

mefme en ay dit & diray maintenant, me plaingnant aufsi
des maudites enuies de nous autres Italiës incompatibles
les vns auec les autres : lequel malheur procede que à vn
chacun eft auis d'eftre quelque chofe plus que fon com-
pagnon, fans mefurer ou auoir efgard (dont vient toute la
faulte) aux qualitez, merites, & profefsions des perfonnes:
de quoy je ne fuis pour autre occafion marry, finon pour
l'honneur & profit public d'vne fi belle Patrie, comme eft
Florence, & non que je me tienne, ou fente en particulier
de perfonne offenfé: car il n'y ha homme viuãt (quel qu'il
foit, & quelque maling, mefchant, & ignorant qu'il pourroit eftre) qui auec toute fa puiffance, & fes paroles fceuft,
ou peuft en verité offufquer la clarté de mes haultes pen-
fees, ni nuire ou côtredire au vray tefmoignage, que la di-
uerfité de mes nobles eftudes, & ma profefsion libere, fans
dommage ou intereft de perfonne, ont toufiours faict &
feront à l'auenir de moy. Et fi d'auenture je reffemble tel
(comme d'aucuns murmurent) que d'eftre trop fubiect à
mon particulier & honnefte plaifir, je ne le fuis toutesfois
tant, que je ne regarde, ne côgnoiffe, & ne me plaingne du
fien qui fault de tous coftez au monde : qui eft en partie
l'vne des caufes, qui me faict haïr & fuïr non la côpagnie,
mais les mauuaifes mœurs, l'indifcretion, & inciuilité des
perfonnes. Duquel propos fafcheux & veritable reuenant
aux antiquitez de Rauenne, je di que tout aupres du
Tombeau de Dante, j'en vey vn autre de marbre
affez grand, ayant x. pieds de longueur, de
haulteur I I I I. & de largeur v. dans
lequel eftoyent engra-
uees femblables
paroles:

                                                    FLAV

FLAVIAE Q. F. SALVTARI CONIVGI
RARISSIMAE L. PVBLICIVS ITALICVS
DEC. ORN. ET SIBI. V. P. HIC COLL.
FABR. M. R. HS. XXX. N. VIVVS DEDIT.
EX QVOR. REDITV QVODANNIS DECV-
RIONIB. COLL. FABR. M. R. IN AEDE
NEPTVMNI QVAM IPSE EXTRVXIT DIE
NEPTVMNALIORVM PRAESENTIBVS
SPORT. X. BINI DIVIDERENTVR ET DE
XXVIII. SVAE X. CENTENI QVINQVA-
GENI QVODANNIS DARENTVR VT EX
EA SVMMA SICVT SOLITI SVNT AR-
CAM PVBLICIORVM FLAVIANI ET ITA-
LICI FILIORVM ET ARCAM IN QVA
POSITA EST FLAVIA SALVTARIS
VXOR EIVS ROSIS EXORNENT DE
XXXV. SACRIFICENTQ. E XXXII. S. ET
DE RELIQVIS IBI EPVLENTVR. OB
QVAM LIBERALITATEM COLL. FABR.
M. R. INTER BENEMERITOS QVODAN-
NIS ROSAS PVBLICIIS SVPRA SE ET
FLAVIAE SALVTARI VXORI EIVS MIT-
TENDAS E XXXV. SACRIFICIVMQ. FA-
CIVNDVM DE XXII. S.
PER MAGISTRATOS DECREVIT.

Hic collega
fabrûm mi-
litiæ Rauen-
natis Sexter-
tia x x x.
Neptumno
viuus dedit.

Me pourmenant ainſi par la ville, ĵauiſay en la baſſe court du logis d'vn Capitaine, nommé Ceſar Raſpon, vn autre grand tableau de marbre, duquel je prins ceſtuy Epitaphe.

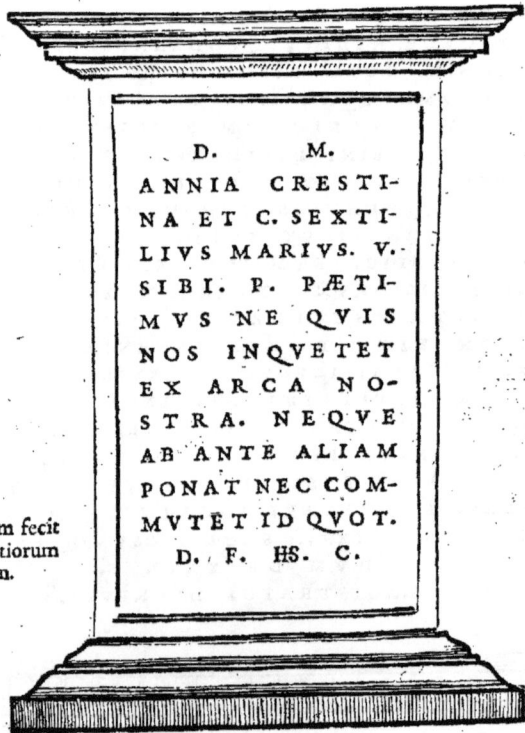

D.   M.

ANNIA CRESTI-
NA ET C. SEXTI-
LIVS MARIVS. V.
SIBI. P. PÆTI-
MVS NE QVIS
NOS INQVETET
EX ARCA NO-
STRA. NEQVE
AB ANTE ALIAM
PONAT NEC COM-
MVTET ID QVOT.
D. F. HS. C.

Donum fecit
Sextertiorum
centum.

Mon

Monſeigneur ce ſeroit grand dommage que vn chacun n'entendiſt le ſens de ce plaiſant Epitaphe, qui eſt la
cauſe parquoy je l'ay mis en rime Italienne.

TRADVCTION.

D'Annia & di Mario è queſta tomba nuoua.
Chi paſſa, ripoſar ci laſci in pace,
Ne metta innanzi à queſto (ſe gli piace)
Altro ſipolcro, & quinci nol rimoua.

D'icy j'allay veoir la belle grande place de Rauenne, ou
je trouuay vne ſtatue de marbre agenouillee, que les habitans appellent Hercules horarius, par ce qu'il ſouſtient
vn quadrant ſus ſes eſpaules, faict en la maniere qui
s'enſuit.

Hercules horarius.

k 3   Mais

Mais qui euſt jamais penſé que à Chioggie, ville des Venitiens, & que à la veoir ſemble nouuellement baſtie, i'euſſe trouué vn tableau de marbre blanc, & auſsi antique
comme le monſtre la preſente eſcriture?

Chioggie.

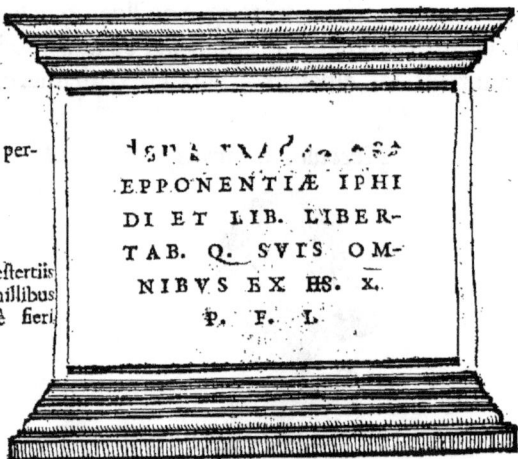

Lettres per-
dues.

Ex ſeſtertiis
decē millibus
publicè fieri
iuſsit.

EPPONENTIÆ IPHI
DI ET LIB. LIBER-
TAB. Q. SVIS OM-
NIBVS EX HS. X.
P. F. L.

A Chioggie nous nous embarquames, tirant droit à Ve-
niſe : l'antiquité de laquelle cité (combien que je l'euſſe jà
leuë en cupoſant mon liure de la Tetrarchie) je vey encores engrauee au meſme marbre blanc dens l'Egliſe de ſaint
Iaques, en la place de Rialto ; ainſi q̃ je l'ay cy repreſentee.
Ven

Liure de la
Tetrarchie.

Venise.

FVNDAMENTA HVIVS-
CE TEMPLI, DIVO IA-
COBO APOSTOLO EX
VOTO ERECTI, IACTA
FVERE CHRISTIANAE SA
LVTIS ANNO CCCCXXI.
DIE XXV. MARTII ZO-
ZIMO ROMANO PONT.
HONORIO IMPERANTE:
DEDICATIO CELEBRATA
SEQVENTI ANNO EO-
DEM DIE PER IIII. EPI-
SCOPOS SEVERIANVM
PATAVINVM, HILARIVM
ALTINATEM, IVCVNDVM
TAVRISINVM, ET EPO-
DIVM OPITERGINVM,CV-
RA VERO FELICI SA-
CERDOTI PRIMVM
DELEGATA.

Antiquité de
Venise.

Ce

Premiere egli
se de Venife.
Ce fut donq la premiere Eglife fondee dans Venife : &
quant aux autres antiquitez, je croy que l'on n'y en trouueroit gueres, fi ce n'eftoit par les maifons des gentilshommes particuliers.

Mais à la verité y voudrions nous veoir aufsi plus belle
antiquité que les IIII. cheuaux de cuiure doré, qui font
fus le grand portail du Temple de fainct Marc : que lon
dit auoir efté au deffus de l'entree du palais doré de l'Em-

Maifon dorée
de Nero.
pereur Nero, & portez depuis en Grece, & de Grece à
Venife : laquelle chofe quant à moy, ne m'eft pas fort difficile à croire, attendu que je voy tous les jours entre mes
mains au reuers d'une medaille de Nero en vn beau cuiure
de Corinthe, la femblance du Portail dudit Empereur auec
les IIII. cheuaux & autres ftatues, ainfi que je les ay cy def-
foubs faict pourtraire, combien que d'aucuns autres veulét,
que ce foient les IIII. cheuaux qui eftoient jadis au deffus
de l'Arc triomphal que nous voyons aux reuers des medailles d'Augufte, comme il pourroit eftre.

Nero.   Augufte.

Medailles
de Nero &
d'Augufte.

De la grandeur ou eftendue de ce Palais de Nero, j'ay
autrefois leu les deux vers qui fenfuiuent :

Roma

Roma domus fiet, Vehios migrate Quirites,
  Si non & Vehios occupat ista domus.

Et Martial dit parlant tout à vn coup de sa magnificence & ruïne:

Martialis.

  Vrbis opus domus vna fuit, spatiumq; tenebat,
    Quo breuius muris oppida multa tenent.
  Hæc æquata solo est, nullo sub nomine regni,
    Sed quia luxuria visa nocere sua est.

Neron au commencement lappella Transitoire, par ce que necessairement il falloit que vn chacun passast par leans: mais depuis qu'elle fut bruslee, & de rechef faite encor plus magnifique, il la nomma Doree, par ce que les murailles, planchiers & fenestres de leans estoient toutes couuertes de fin or, de pierres precieuses, & de marquetterie faite de naccre de perles. Dont Pline parlant de la richesse de ceste maison, dit:

In aureæ domus Neronis solarijs aues ex argento, mirabili opere *sculptæ fuerunt.*

Plinius.

Et au milieu de la susdicte entree de leans, que les Latins nommerent *Vestibulum*, estoit debout vn Geant de cuiure, dont le chef est encor au Capitole, de la haulteur de cent & x x. pieds. Le milieu du logis estoit rempli d'un si grand estang, qu'il sembloit la mer, enuironnee de diuers bastimens, prez, vignes, champs labourables, & forests ou lon chassoit toutes sortes d'animaux. Les planchers des salles, ou lon mangeoit ordinairement, estoient tous d'yuoire, & tellement accoustrez, que sur ceux qui estoient à la table, tomboient en souurant toutes sortes de fleurs, & autres bonnes senteurs mesquionnces. Mais entre les autres lieux le plus somptueux & admirable estoit la salle principale, ou lon faisoit les grans festins: car outre aux innumerables richesses de leans, elle estoit faicte en forme ron-

Description de la maison de Neron.

Salle merueilleuse de Nero

de, & fans empefcher ceux qui eftoient à la table, tournoit
jour & nuiɗ tout à l'entour, comme les cieux auec les effigies de tous les planettes & fignes celeftes. Parquoy je ne
m'esbahy point fi l'on dit que fainɗ Auguftin fouhaittoit
d'auoir veu en fon viuant trois chofes au monde, à fçauoir:

Souhait de fainɗ Auguftin.

Romme en fon entier & fleuriflante,
Iefuchrift en vie, &
Sainɗ Paul prefcher publiquement.

 Or voyant que à Venife n'auoit autre chofe antique digne de memoire, je prins le chemin de Padoue, auquel
lieu vey la fepulture & Epitaphe d'Antenor premier fondateur de ladiɗe ville.

Padoue.
A fainɗ Laurent.

Epitaphe.

> *Inclytus Antenor patriam vox vifa quietem*
> *Tranftulit huc Henetū, Dardaniumq́; fugas.*
> *Expulit Euganeos, Patauinam condidit vrbem,*
> *Quem tenet hic humili marmore cæfa domus.*

 Le contenu de ceft Epitaphe fut jadis verifié par Virgile, quand il dift:

Virgilius.

Antenor potuit, medijs elapfus Achiuis,
Illyricos penetrare finus, atq; intima tutus
Regna Liburnorum, & fontem fuperare Timaui:
Vnde per ora nouem vafto cum murmure montis
It mare præruptum, & pelago premit arua fonanti.
Hic tamen ille vrbem Pataui, fedesq́; locauit
Teucrorum, & genti nomen dedit, armaq; fixit
Troïa, nunc placida compoftus pace quiefcit.

La

La fin de ces vers auec vn autre du mefme Poëte (quand il faict dire par Helenus à Eneas,

Vade age, & ingentem factis fer ad æthera Troiam.) m'a faict obferuer que aux Eftendards ou enfeignes militaires d'Eneas pouuoit eftre painct vne Truye ou laye, que les Latins appellent Sus & Scropha , & les Italiens en commun langage v.na TROIA. Car l'hiftoire dit, que ayāt Eneas parmi d'autres animaux vne Truye en fes nauires, fuft admonnefté par l'oracle, que incontinent arriué en Italie il la laiffaft aller , & apres defcendu en terre là ou il en rencontreroit vne femblable, il s'arreftaft pour y faire fa demeure. Parquoy ou fe fuft pour la fouuenance du figne par luy verifié quand il trouua la Truye auec les x x x. cou chons au païs de Romme, ou pour renouueller la memoire de fa cité de Troye , il eft vray femblable (ce que du tout je n'appreuue , & ne di finon par maniere d'obferuation) que tel animal pouuoit eftre painct en fon Enfeigne pour les raifons fufdites. Et d'auantage (fuiuant l'ancienne couftume des autres Capitaines , entrepreneurs & fondateurs des villes , qui apres les guerres terminees, ou quelque peril euadé, ou pelerinage acheué, vouoient & pendoient par les temples leurs harnois, baftons, & enfeignes, comme encor font auiourdhuy noz gendarmes , mariniers, pelerins, & autres femblables) ayant Eneas aufsi porté vne telle Enfeigne , peult eftre qu'il la pendit apres dans le temple , & la voua à fes Dieux, ainfi que tefmoigne l'efcriture difant, ARMA QVE FIXIT TROIA: combien que vn bon Grammarien l'interpreteroit plus toft ARMA TROIANA, à fin que je ne laiffe rien à redire aux mauuaifes langues.

Nous voyons toutefois que les Rommains depuis prenoient aufsi plaifir de renouueller par les reuers de leurs

monnoyes l'origine de leur cité, & les faicts plus memora-
bles de leurs anceftres , ainfi que j'ay apperceu en vne medaille d'argent que m'a monftré vn mien coufin nommé
François Maffey , ou d'un cofté eft la tefte de Romme , &
de l'autre vn autre Romme entiere afsife fur deux pauois
ou targues, auec la Louue à fes pieds, les Autours à l'entour
d'elle, dõt Romulus print fon premier Augure, & appuyee
fus vne hafte, que les Princes du temps pafsé portoient en
lieu de fceptre & de couronne, laquelle hafte les Sabins
nommerent Quiris,& Romulus Quirinus,& de Romulus
les Rommains depuis furent appellez Quirites , voulant
ainfi la medaille fignifier & monftrer fa premiere fondation & fa grande puiffance.

Interpreta-
tion de la me-
daille de Rõ-
me.

Romme.

Vn autre medaille de Romme, frappee à ce propos, re-
prefenta jadis en fon liure de la Religion des Rommains
le Bailly des Montaignes. Mais par ce que j'en ay depuis recouuert vne autre plus entiere , en laquelle eft comprins
toute l'origine de Romme, auec Romulus , & Remus , la
louue , le figuier, & le bergier Fauftulus, il m'a pleu la faire
derechef cy pourtraire , comme matiere conuenable à
mon difcours & à mon hiftoire.

Orig

Origine de Romme.

Ie croy que peu de gens ignorent comme par le com-
mandemēt de Amulius, frere de Numitor Roy des Albans,
furent ſes deux nepueux Romulus & Remus expoſez tous
vifs ſur le bord du Tybre au pied d'un figuier appellé Rumi-
nal, auquel lieu s'arreſta vne Louue, & les allaicta juſques à
ce que vn bergier, nommé Fauſtulus, les oſta de là, & les feit
acheuer de nourrir à ſa femme appellee Acca Laurentia:
dont Romulus apres ſe vengea de ſon oncle, qui auoit
auſsi faict enterrer ſa mere Rhee ou Ilie Siluie toute viue,
ſuiuant la punition accouſtumee des autres vierges ou
Nonaines Veſtales, quand elles auoyent perdu leur puce-
lage. Toutes leſquelles choſes ſont compriſes (comme lon
void) en la ſuſdicte Medaille, que je tiens bien chere à cauſe de l'hiſtoire, & par ce qu'il s'en treuue peu de ſi parfaictes.

Sextus Pompeius, qui ſeit frapper ceſte medaille, fut le
moindre des enfans du grand Pompee, qui apres la mort
de ſon frere tué par Iule Ceſar, s'enfuit d'Eſpagne en Sicile, ou il ramaſſa tous les foruſcits de Romme, banniz par
le Triumuirat, empeſchant la traicte du froument que lon
portoit ordinairement à Romme : de la nature duquel
eſcriuant Velleius, dit:

Interpreta-
tiō de la me-
daille de Se-
xtus Pōpeius.

Punition des
vierges Ve-
ſtales.

Faicts de Se-
xtus Pōpeius.

l 3 *Hic*

Mœurs de
Sex. Pōpeius.

Hic adolescens erat studijs rudis, sermone barbarus, impe-
tu strenuus, manu promptus, cognitione celer, fide patri dis-
similimus, libertorum suorum libertus, seruorumq́; seruus,
speciosis inuidens vt paréret humillimis.

Il exerça à la fin publiquement l'office de Corsaire, tenant en subiection toute la Mer de Sicile, jusques à ce que
ayant perdu par fortune la plus grande partie de ses nauires à l'enuiron des Promontoires de Velie & Palinure, il

Mort de Sex.
Pompeius.

tomba entre les mains de M. Antoine, qui luy feit par vn
soldat, nommé Titius, coupper la gorge.

Ouide aussi feit mention de luy en son quatriesme liure
de Ponto par vne Epistre qui commence:

Ouidius.

Ite leues elegi doctas ad Consulis aures,
Verbaq́; honorato ferte legenda viro.

Concluant, que comme les Consuls de leur temps faisoient renouueller par les reuers de leurs medailles, les
faicts & origine de leur ville de Romme, & Iule Cesar la
premiere source de sa race, representant aussi en ses me-

Interpretatiõ
des medailles
de Iule Cesar,
d'Auguste, &
de Caius Fon
teius.

dailles l'estoile la teste & le simulacre de Venus, dõt il estoit
sorty, ainsi les bons Empereurs Auguste & Titus allerent
chercher plus loing l'augure & enseigne d'Eneas, auec l'origine de Romme, faisans insculper vne Truye aux reuers
de deux de leurs medailles, qui sont telles:

C. Fonteius feit encor mieux : car il mit aux siennes la
teste

teſte de Ianus d'vn coſté,& de l'autre la nauire, dens lequel
apres le deluge il fut porté à Romme, là ou ſans faute il fut Noé habita-
teur de Rom-
me.
le premier habitateur , dont le mont Ianiculus , & la cha-
pelle de Ianus,faicte par Nume,retindrent apres ſon nom,
ainſi que recitent Portius Cato,Fabius Pictor,& Beroſus. Cato.
Beroſus.

A Padoue donc je vey auſſi vne ſalle beaucoup plus
belle que celle du Palais de Paris:car elle eſt plus large,plus Salle de Pa-
doue.
haulte, & plus longue , & d'autant plus admirable , qu'il n'y
ha pillier quelconque pour la ſouſtenir , & qui empeſche
ceux qui ſe pourmenent d'vn coſté & d'autre:à vn bout de
laquelle j'auiſay la teſte antique de marbre de Tite Liue,
auec ces deux Epitaphes.

Padoue.

V. F.
TITVS LIVIVS
LIVIÆ T. F.
QVARTÆ. L.
HALYS.
CONCORDIALIS
PATAVI
SIBI ET SVIS
OMNIBVS.
OBIIT IIII. TIBERII CÆS. AN-
NO NATVS LXXVI. ANNOS.

OSSA

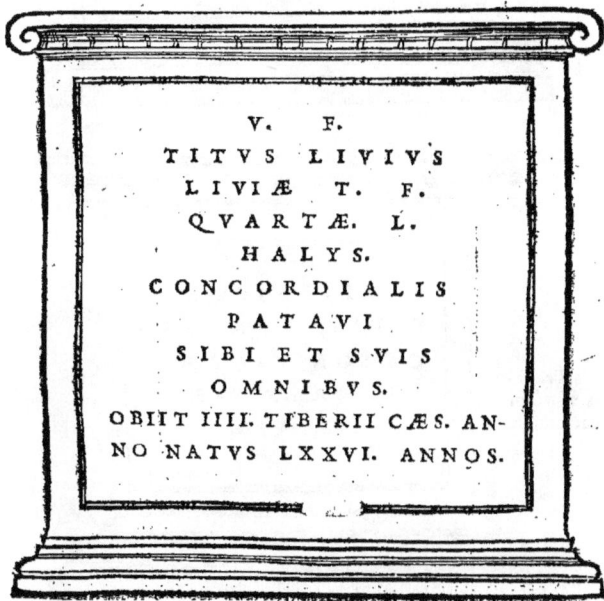

Epitaphe de
Titus Liuius.

OSSA
TITI LIVII PATAVINI
VNVS OMNIVM MOR-
TALIVM IVDICIO DI-
GNI, CVIVS PROPE IN-
VICTI CALAMO PO-
PVLI RO. RES GESTÆ
CONSCRIBERENTVR.

Marcus Alle-
nius Marci fi-
lius Fabius.
Tribunusmi-
litum, Præfe-
ctus fabrûm,
Quartumuir.

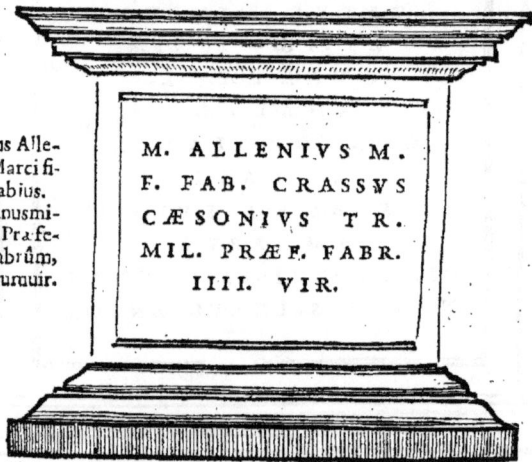

M. ALLENIVS M.
F. FAB. CRASSVS
CÆSONIVS TR.
MIL. PRÆF. FABR.
IIII. VIR.

Q. POM

Q . POMPONIVS Q. F.
FABIVS SEVERVS SIBI
ET LIBERTIS OMNIBVS
T. F. I. H. M. H. N. S.

Teſtamento
fieri iuſsit.hoc
monumentũ
hæredes non
ſequitur.

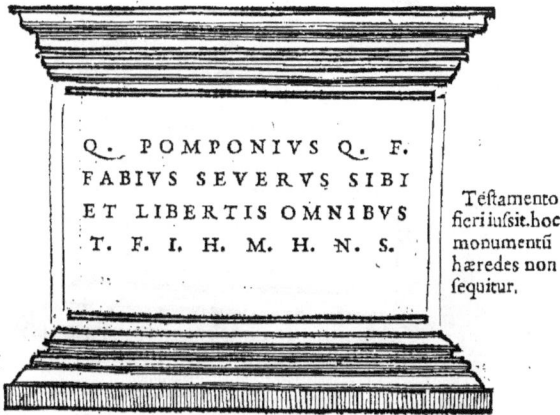

Ie croy que ĭeuſſe trouué & veu illec encor pluſieurs
autres belles choſes, comme le Palais, auec la ſtatue d'Hercules du Seigneur Mantoue, & l'autre ſtatue de cuiure à
cheual de Barthelelemy de Bergame , faicte de la main de
Donatel Florentin , non gueres moins bon ouurier que
Michelange , n'euſt eſté que ĭeſtois preſé d'aller à Ferrare , là ou je trouuay (combien que la ville ne ſoit des
plus anciennes) le preſent Epitaphe au pied de deux figures en vn tableau de marbre , à l'entree de la place des
Cordeliers.

                                m   Ferrare

Ferrare.

Deuant l'Eglise Sainct François.

Coniux.

ATILIO Q. F.
ROM. ACTIA
CON. ET

Ie n'arrestay gueres à Ferrare, que de là je m'en allay à Verone, ou je vey l'Amphitheatre, vn Arc triomphant, &

Amphithea-
tre & Arc de
Verone.

ces trois Epitaphes.

Verone.

C. FICARIVS.
IMP.

Q. CAT

Q. CATIO PHOTINO
VESTIARIO
NICEPHORVS PATRON.
OPTIMO ET SIBI V. F.

DEO MAGNO ÆTER-
NO L. STATIVS DIO-
DORVS QVOD SE
PRÆCIBVS COMPO-
TEM FECISSET.
V. S. L. M.

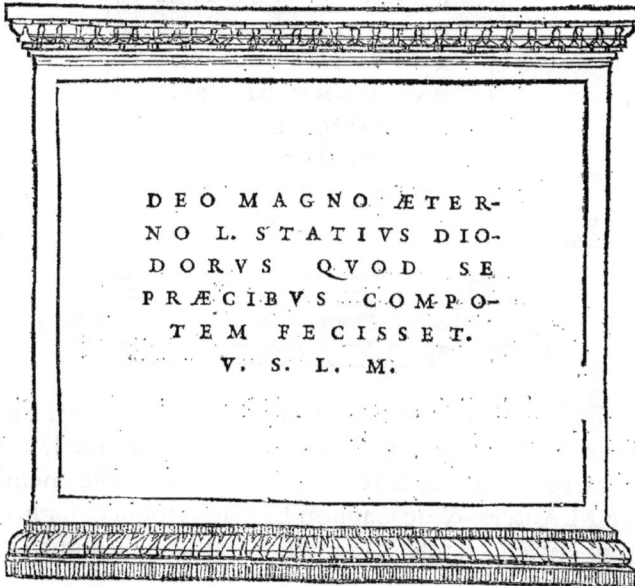

Voto solute
libero mu-
nere.

A Breſſe jarriuay de nuiɕ , & le matin prins le chemin
des Griſons pour retourner en France : & en tout le demeurant de ce voyage, je ne ſceu trouuer que en l'Abbaye
de Bonneual au païs des Suiſſes ce preſent Epitaphe.

Païs de Suiſſes.

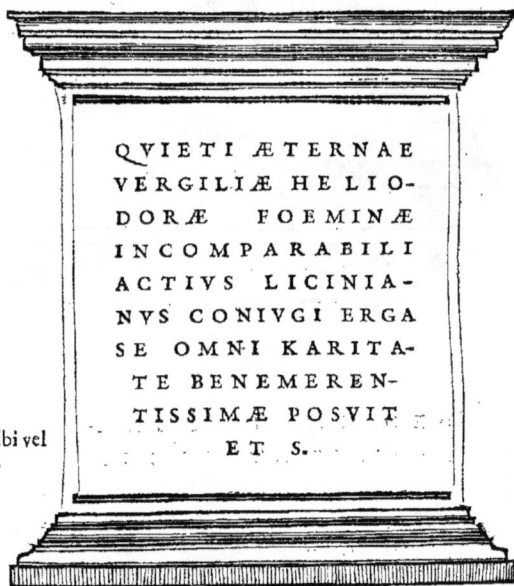

QVIETI ÆTERNAE
VERGILIÆ HELIO-
DORÆ FOEMINÆ
INCOMPARABILI
ACTIVS LICINIA-
NVS CONIVGI ERGA
SE OMNI KARITA-
TE BENEMEREN-
TISSIMÆ POSVIT
ET S.

Et ſibi vel
ſuis.

Colomne de
Traian à Ba-
da.

Et à Bada la Colomne ou eſt faiɕt mention de l'Empereur Traian , ainſi que jay monſtré en mondit liure des
Obſeruations militaires , auec vne fort belle memoire
de M. Aurele, & de Capiton Baſsian , trouuee ſur le chemin entre Loſanne & Geneue, comme ceſte autre à coſté
de la porte de Vertuoe.

Vert

Vertuoe.

D. VALERIO
ASIATICI ℣.
LIBER. SISSI.
IIIIII I. viro. COL.
EQ. D. T.

Sextumuiro
Colonię equi
ti dedit testa-
mento.

Geneue.

C. PLINIO M. F.
C. FAVSTO ÆDIL.
III. viro. EQ. FLAM.
C. PLINIVS FAV-
STVS VIVOS.

Aedili trium-
uiro equiti fla
mini.

m 3   T. IVL.

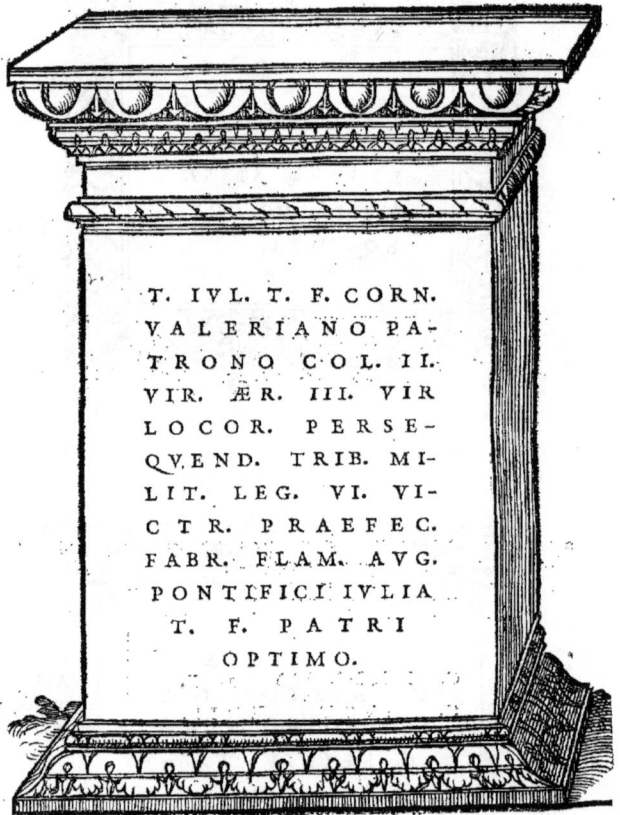

T. IVL. T. F. CORN.
VALERIANO PA-
TRONO COL. II.
VIR. ÆR. III. VIR
LOCOR. PERSE-
QVEND. TRIB. MI-
LIT. LEG. VI. VI-
CTR. PRAEFEC.
FABR. FLAM. AVG.
PONTIFICI IVLIA
T. F. PATRI
OPTIMO.

Interpr

INTERPRETATION.

*Tito Iulio Titi filio Cornelio Valeriano patrono colo-
niæ , Duumuiro ærarij , Triumuiro locorum perse-
quendorum, Tribuno militum legionis sextæ victricis,
Præfect. fabrûm, Flamini augustali Pontifici , Iulia
Titi filia, &c.*

Ayant aufsi fouuenance d'auoir faict mention en mon
dit liure des Obferuations militaires, d'une caftrametation
faicte par Galbe, Lieutenant de Cefar en la vallée , que ledit Empereur defcrit en fes Commentaires, entre fainct   Caftrameta-
tiõ de Galbe.
Maurice le Rõmain & fainct Iean le vieux, q̃ les villains du
païs appellent LA MOTTE des Sarazins, je l'ay faicte icy
peindre au naturel , à fin que ceux qui d'orefenauant paf-
feront par là, en puiffent prendre leur plaifir en ayant eu la
congnoiffance , & voyant encores les doubles foffez , & la
maffe de terre toute entiere.

Motte des Sarazins.

Caftrameta-
tiõ de Galbe.

Retourné à la fin à Lyon, & de Lyon à Paris , me print   Grotte de
Medon.
enuie de vifiter la Grotte admirable, & tant d'autres belles
chofes

chofes faictes par voftre commandement à Medon : auquel lieu voyant fi grand nombre de ftatues & marbres antiques , je ne feuffe fceu plus honnorablement faluer &
louer que en difant : VIVE ROMA RESVRGENS.

Chafteau
d'Anet.   Partant ainfi de voftre maifon , & me retrouuât pres du
chemin d'Anet(car de tout temps j'ay efté amateur & cu-
rieux d'auoir & veoir toutes chofes exquifes & rares) je me
tranfportay jufques là, ou(il ne fault pas mentir)je fey vne
conclufion,apres auoir tout veu , que la maifon doree de
Neron n'euft fceu eftre ni plus riche ni plus belle.Et par ce
que je apperceu leans vne fontaine qui ne parloit point,
comme tout le demeurant faifoit, & que en la baffe gallerie du grand jardin eftoient quelques places vuides,j'entreprins en paffant mon temps de faire la fontaine parler , &
remplir la gallerie de femblables deuifes.

Fontaine d'Anet qui parle.

Sens moral.

Aneta

Aneta Ninfa era io leggiadra & bella
Piu di quante seguian l'alma Diana:
Fecemi nuouo amor da lei rubella
Per seguitar cosa mortale & vana.
Così fuggendo in questa parte e'n quella
La Dea mi giunse, qui poco lontana.
Mutommi in fonte, onde la fama hor vola,
Ch'ei bisogna seguir Diana sola.

Metamorpho
se d'vne fon-
taine d'Anet.

Le subiect de ceste fontaine me feit souuenir de celle,
ou Diane fut veuë du miserable Acteon, & tout à coup me
print enuie d'abbreger en huict vers, que nous autres Tuf-
cans appellons Stanze, la Metamorphose d'Acteon escrite
par Ouide, ainsi disant en façon d'Epigramme.

Metamorphose d'Acteon.

Figure d'A-
cteon.

Dalla sete e'l calor cacciando vinto
Cerca Ateon pel bosco vna fontana.
Hallo il suo fier destino in parte spinto,
Che mal per lui vi troua entro Diana.
La Dea, col viso di vergogna tinto,
Gli muta in cerbio la sembianza humana,
Et dice nel gittar quell' onda cruda,
Non lice à ogniun veder Diana ignuda.

n   III.Deu

III. Deuises pour les basses galleries
du jardin d'Anet.

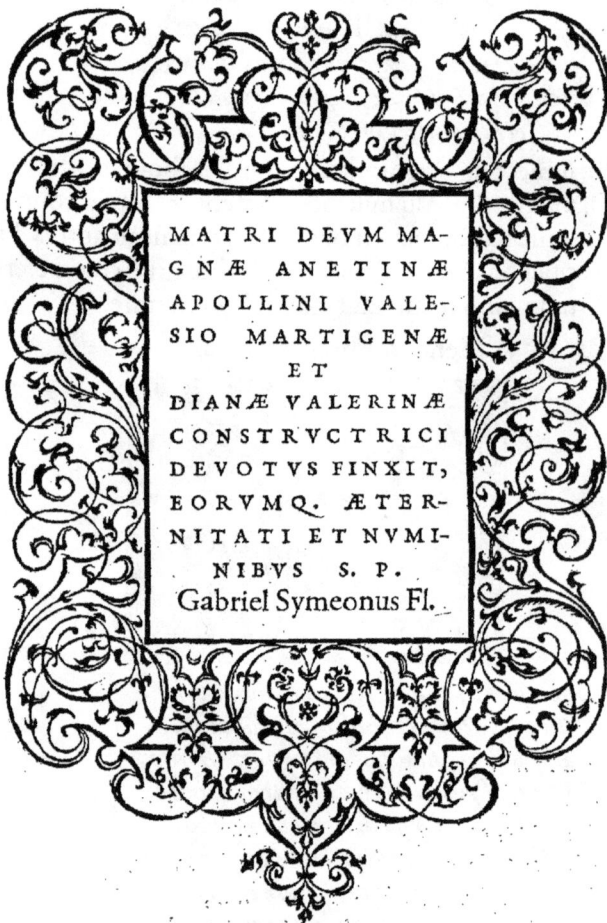

MATRI DEVM MA-
GNÆ ANETINÆ
APOLLINI VALE-
SIO MARTIGENÆ
ET
DIANÆ VALERINÆ
CONSTRVCTRICI
DEVOTVS FINXIT,
EORVMQ. ÆTER-
NITATI ET NVMI-
NIBVS S. P.
Gabriel Symeonus Fl.

Sacrũ posuit.

Cestoit

Ceſtoit, Monſeigneur, en la premiére deuiſe vne femme, repreſentant la terre d'Anet, auec trois tours ſur la teſte, tenant en la main gauche vne haironniere, ſon char
eſtant tiré d'vn Cerf & d'vn Sanglier, qui ſont les animaux,
que icelle terre produit, & de la droite faiſoit ſigne au Roy
auec ce mot:

Ille meas errare boues permiſit & agnos.

En la deuxieme du milieu eſtoit le Roy aſsis ſus vn
char triomphant, tiré par vn Lion & vn Mouton : le Lion
ſignifiant la magnanimité & courage inuincible du Roy,
& le Mouton l'humanité & douceur dudit Seigneur : auec
ce qu'il me ſouuint auoir veu en ſa natiuité, que le Soleil ſe
retrouua au ſigne d'Aries, auec la Lune, & ſa partie de fortune en l'Horoſcope, & q̃ les Aſtrologues ont dit que com
me le Lion eſt propre domicile du Soleil, ainſi luy eſtant
au ſigne d'Aries, il eſt en ſa grande exaltation & vigueur,
comme eſt auiourdhuy le Roy, auquel j'auois faict peindre
la teſte comme le Soleil à cauſe de ſa ſplendeur, le demeurant du corps tout armé, pour eſtre martial, & tenant en la
main gauche vne branche d'oliuier en ſigne de paix, & en
la droite vne eſpee pour la guerre, auec ce mot:

IN VTRVMQVE PARATVS.

Mais en la troiſieme deuiſe j'auois faict faire vne Diane
tenant en la main droicte vn globe ou pomme d'or, & en la
gauche vn flambeau, & ſon char eſtoit tiré par vne Biſche
& vn Taureau, auec ces paroles:

Caſta fouet ditatq̃, viros probitate Diana.

Par la pomme d'or je voulois ſignifier les richeſſes & la
puiſſance de la Dame, & par le flambeau la clairté de Diane, ainſi figurée aux reuers de pluſieurs medailles antiques,
& entre les autres en vne de bronze de Fauſtine, que j'ay

recouuerte en ceste ville , en laquelle on voit la torche,
& son croissant qui luy repose sur les espaules , ainsi que le
monstre la presente figure.

Faustine.

Interpretatiõ
de la medail-
le de Faustine. L'interpretation de ce reuers est vn peu difficile : car
les autres lettres apres S I D E R I B V S sont tellement cou-
pees, qu'il est impossible de les deuiner ou lire:toutefois je
penserois que l'intention de Faustine fust de vouloir signifier,que comme la clairté de la Lune efface celle des autres estoilles en se monstrant plus grande , tout ainsi sa
beauté & bonne grace & son cœur hault & magnanime,
surmontoit toutes les autres Princesses du monde : comme veritablement il appert par tant de belles medailles
d'or , d'argent , & de cuiure , & par les vestiges de son
temple que l'on voit encor à Romme vis à vis du
mont Palatin , auec ces paroles D I V Æ   F A V S T I-
N Æ , & en deux siennes medailles , l'une d'argent,
& l'autre de bronze, ou est ledit Temple
representé en la maniere
qui sensuit.

Temple

Temple de Fauſtine.

Reprenant donq le propos de ma troiſieme deuiſe in-
uentee en l'honneur de Diane, je di que ſon char tiré par
vn Cerf, ſignifie la viſteſſe de la Lune faiſant ſon cours en
vn mois par les x i i. ſignes, comme le Soleil, Mars, Venus, & Mercure les leurs enuiron en vn an, peu plus ou
peu moins, & Saturne le ſien en trente : laquelle choſe
comme aſſez claire & de long temps calculee, je ne mettray ni diſputeray cy preciſement pour reuenir à la declaration du Taureau adiouſté par moy au char de Diane,
par ce que les Aſtrologues ont dit ce eſtre l'exaltation de la
Lune. Touchant quoy ayant apres congnu la bonté naturelle de madame la Ducheſſe, & me ſentant luy eſtre ſelon
mon naturel redeuable, (car j'oublie mal volontiers les biẽs
faiꞓts, & les iniures) ſuiuant neantmoins touſiours l'hiſtoire, & proprietez de la chaſte Diane, qui onques ne ſe laiſſa
gaigner d'vn ſeul appetit deſraiſonnable, dont vient que
les anciens Poëtes ont eſcrit Cupido auoir touſiours perdu
la bataille contre Diane, Minerue, & les Muſes, je luy fey
peindre ceſte autre deuiſe.

n 3　　Deuiſe

Deuise morale de Diane.

VICTRICI OMNIVM CVPIDINVM DIANAE

Ayant aufsi depuis recouuert vne autre medaille d'argent, ou d'un cofté eft Diane peincte auec vn chapeau fur la tefte, & au reuers vn chamois ou chieure fauuage parmi fon Arc, fa Trouffe, & ces paroles, GNEVS PLANCIVS ÆDILIS CVRVLIS SENATVSCONSVLTO, je l'ay voulu cy mettre, pour monftrer que de tout temps lon eut en grande veneration le nom pretieux, & les faicts honnorables de Diane : & luy firent les anciens plufieurs Temples, autelz, medailles & ftatues, entre lefquelles faifoit bon voir celle des Ephefiens auec fon Temple bafty par les Amazones auec CXXVII colomnes chacune haulte de LX pieds, & entre lefquelles en auoit XXXVI engrauees de merueilleufes figures : lequel Temple fut depuis bruflé par Heroftratus tyrant l'an de la natiuité du grãd Alexãdre.

                                                    Diane.

Diane.

De ce Plancius ha faict mention deux fois Cicero au
quatrieme liure de ses Epistres familieres, & j'ay d'autre
part par ceste medaille obserué la forme & façon des chapeaux que les anciens souloient porter sur la teste : car il
n'est pas vray semblable qu'ilz allassent tousiours, comme
d'aucuns disent, la teste nue: ce que j'ay encor mieux apper
ceu par vne autre assez rare medaille d'argent, en laquelle
j'ay aussi veu la difference que les Rommains faisoient inter TOGAM,& PALLIVM,comme vous, Monseigneur,
pourrez plus facilement congnoistre.

Chapeaux
des Anciens.

C. Egnatius.

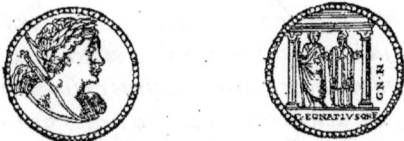

Medaille de
Caius Egna-
tius.

L'histoire de ceste medaille d'Egnatius (filz de Gneus,
& nepueu d'un autre Egnatius, qui l'an x x v. de l'Empire
d'Aug

d'Augufte , eftant ledit Empereur en Afie , & luy Edil & Preteur , effaya moyennant la force & faueur populaire d'obtenir le Confulat, mais Caius Sentius Saturninus Conful de Romme l'engarda) eft aufsi vn peu douteufe & dif-ficile : car les vns veulent qu'elle ait efté ainfi frappee apres que le Peuple , & la noblefle de Romme auoient faict ap-poinctement enfemble : & les autres, que ce foit l'union & concorde(laquelle opinion je ne treuue impertinente)que les armes , & les lettres doiuent neceffairement auoir en-femble,tant en paix que en guerre,pour bien conduire les affaires publiques, & faire quelque acte notable , & digne d'eternelle memoire, prenant la robbe longue pour les let-tres, & la plus courte pour la guerre, attendu qu'il y ha Cu-pido d'un cofté , & de l'autre les deux perfonnages qui fe

tiennent main à main pres l'un de l'autre : mais les armes toutefois (fi ainfi eft) à la main droicte, comme celles qui felon la commune opinion font d'autant plus neceffaires, qu'elles mettent à execution ce que les fages auifent & con feillent,& entre lefquelles ha autant de difference, comme entre les faicts & les paroles.   Touchant quoy je ne fuis esbahy finon de Cicero, lequel fur ce propos fe contredit en plufieurs lieux : car prenant à defendre la partie des ar-mes en l'oraifon pro Murena, dit:

Multo plus adfert dignitatis rei militaris quàm iuris ci-uilis gloria. Vigilas tu de nocte vt tuis confultoribus refpon-deas. Ille verò quò intendit, maturè cum exercitu perueniat. Te Gallorum, illum buccinarum cantus exfufcitat. Tu actio-nem inftituis , ille aciem inftruit. Tu caues ne tui confulto-res, ille ne vrbes aut caftra capiantur. Ille tenet & fcit, vt hoftium copiæ, tu vt aquæ pluuiæ arceantur. Ille exercita-tus eft in propagandis finibus, tu in regendis.

Laq

Laquelle chofe il preuue encor mieux en vn autre endroit de la mefme oraifon, ou il commence:

Rei militaris virtus præstat cæteris virtutibus, &c.

Et depuis au liure de Cato Maior il fe contredit en difant:

Non viribus aut velocitatibus aut celeritate corporum res
magnæ geruntur, fed confilio & autoritate & fententia.   Côtradiction.
de Cicero.

Et au premier liure des Offices:

Minuenda est horum opinio qui arbitrantur res bellicas
maiores effe, quàm vrbanas.

Toutesfois il fe monftre à la fin plus refolu & raifonna-
ble, & en ce conforme à l'arreft donné par Salufte, quand
il dit:

Saluftius.

NON MINOREM VTILITATEM ADFE-

RVNT QVI TOGATI PVBLICE PRÆ-

SVNT, QVAM QVI BELLVM GERVNT.

La raifon qui me efmeut à pêfer que la fufdicte medaille ait efté frappee, pour fignifier non feulemêt la paix & la
guerre, mais l'union des lettres & des armes, c'eft quant au
premier point, que comme les Rommains en temps de
paix accouftumoient la T O G V E, & en temps de guerre   Toga.
vn autre robbe plus courte qu'ilz nommerent P A L L I V M   Pallium.
  Sagum.
& S A G V M, referué les hommes Confulaires, tout ainfi les   Paludamentû.
hommes de lettres s'habilloient ordinairement de la To-
gue, & les Confuls ou Capitaines en temps de guerre du
P A L V D E M E N T, que nous pourrions auiourdhuy nom-
mer C O T T E D'A R M E S, ainfi que nous voyons au reuers d'une medaille de Romme, frappee par Publius Fonteius Capito vn des maiftres de la monnoye, en l'honneur
de Aulus Fontcius, fon parent, & Tribun militaire: ou ledit   A. Fonteius
Tribun appert à cheual combattant auec vn hafte au
poing, que les Rommains nommerent P I L V M, ayant fa

o   Cotte

Cotte d'armes fur les efpaules,& à l'enuiron de la tefte certains rayós comme poinctes de plumes, en la mefme forte
de l'une des figures,que nous auons veu au fufdit reuers de
la medaille d'Egnatius:qui me faict quafi indubitablement
croire,qu'elle ne veult fignifier autre chofe finon la conion
ction & concorde neceffaire entre les lettres & les armes.

Fonteius.

Medaille de Fonteius.

Ie fuis en doute fi ce Fonteius fut celuy mefme de qui
feit mention Iuuenal,& Horace en fes Sermons, ou il dit:

Horace.

-Capitoq; fimul Fonteius ad vnguem
Factus homo, Antonij non vt magis alter amicus.

Car celuy qui fut Conful de Romme auec Germanicus

Doctrine de Fonteius.

fils de Drufus,du temps d'Augufte,l'an x 1 1 1 1. apres Iefuchrift,fut nommé Caius,grandiffime docteur en loix,& qui
compofa beaucoup de bons liures : mais les noms des autres deux furent(comme nous auós veu) Publius & Aulus,
fi jà n'eftoit(comme il pourroit eftre) que les autheurs, ou
les temps euffent changé & prins l'un nom pour l'autre: de
laquelle diligence ou curiofité je me remets & rapporte à
vn autre qui foit plus de loifir que je ne fuis : concluant
quant

quant à l'interpretation de la medaille d'Egnatius, & le debat entre l'excellence des lettres & des armes, que (si l'une
chose est tant necessaire & proufitable comme l'autre, &
l'une sans l'autre demeure imparfaicte & ne peult entierement proufiter à la Republique, comme bien en leur viuant ont monstré feu Monsieur Prince de Melphes, & le
Mareschal Strozzi, tous deux sçauans & vaillans personnages) toutes les deux professions doiuent marcher egale-
ment ensemble, & se tenir main à main en paix & en amitié, comme le monstre (si pour ceste cause elle ha este frappee) la susdicte medaille. Mais quel autre plus veritable
tesmoignage voudrions nous ouïr, que celuy que les sages
anciés nous ont en cest endroit faict & monstré? couron-
nans d'un mesme chapeau de triomphe leurs Capitaines
generaulx, qu'ilz appelloyét Empereurs, & les Poëtes: dont
vint que Petrarque feit ce beau vers qui dit:

Arrest don-
né sur le de-
bat des lettres
& des armes.

Prince de Mel
phes.
Mareschal
Strozzi.

Honor d'Imperatori & di Poëti.

Petrarque.

Et en vn autre Sonnet parlant tousiours du Laurier:

O sola insegna al gemino valore.

Combien que aucuns diront que ce estoit faict seulement pour mostrer l'eternité de la noble profession de l'un
& de l'autre, & non pour l'egalité des lettres & des armes:
laquelle raison je penserois pouuoir estre veritable, s'il n'y
auoit point d'autres arbres verds tout au long de l'annee,
comme le Laurier, pour en faire diuerses couronnes, & les
distribuer aux vns & aux autres. Touchant quoy je
treuue que le premier vsage du chapellet de
Laurier commença du temps d'Auguste, ainsi qu'il appert au reuers
d'une sienne medaille
d'argent qui est
telle.

o   2   Augu

Auguste.

La raison fut que vne Aigle print vne poule blanche,
ayant en son bec vne petite branche de Laurier, & icelle
portant en l'air la laissa cheoir au giron de Liuie femme
d'Auguste jà grosse de Tibere:laquelle poule fut soigneu-
semēt gardee auec les poucins qu'elle seit apres,& la branche plantee en la maison de plaisance d'Auguste à trois
lieuës de Romme,en la rue Flaminie, lequel lieu fut tous-
jours depuis appellé L E GA L L I N E. Les Empereurs com-
mencerēt à estre courōnez de Laurier, & fut saict le Prouerbe d'vn homme nay heureux,qui tousiours dure,& dit:
Gallinæ filius albæ : tel que fut vrayement Tibere, à qui
de raison n'appartenoit aucunement l'Empire.

Mais entre plusieurs medailles rares,que j'ay recouuertes,ha esté celle de Caius Sublicius, ayant en son reuers
deux personnages armez auec vn haste au poing,& vne
Truye couchee à terre au milieu de tous deux:car elle re-
presente la mode que les Rommains tenoyent en faisant
quelque pache,paix , ou treues auec leurs ennemis, ainsi
que au premier liure de sa premiere Decade recite Tite
Liue, lors que par le combat des trois Curiaces Albans
contre les autres trois freres Horaces Rommains,l'une &
l'autre

(marginal notes:)
Interpreta-
tion de ladi-
ĉte medaille.

Augure faiĉt
à Tibere.

Prouerbe.

Combat des
trois Hora-
ces.

lautre nation s'accorderent ensemble.

Le Sacerdot appellé Fecial (dit il) parla ainsi au Roy Tullus : Me commandes tu, Roy, de faire accord auec le Pere Patrat de la Cōmunauté d'Albe? Le Roy consentant, il repliqua : Ie te demande donc l'herbe sacree. Prenez la, respondit le Roy, de la plus nette que pourrez choisir. Laquelle prinse par le Fecial au Capitole, il demanda de rechief au Roy : Me donnes tu puissance d'estre Ambassadeur tien & du peuple de Rōme, auec mes compaignons & noz cerimonies? Pourueu (dit le Roy) que le tout soit faict sans malice & tromperie de moy & du peuple de Romme, je la te donne. Ce Fecial de fortune fut Marcus Valerius, lequel apres auoir esleu pour Pere Patrat Spurius Fusius, & luy auoir touché le front & les cheueux de l'herbe sacree, & recité plusieurs parolles, auec le contenu de leurs conuentions, feit ainsi son oraison & sa priere deuant lune & lautre assemblee:

T. Liuius.

Cerimonies des Rōmains en faisant la paix auec leurs ennemis.

Escoute ô Iupiter (dit il) escoute toy Pere Patrat des Albans, & toy Peuple d'Albe escoute aussi. Tout ainsi que ces presentes capitulations & loix sont faictes sans tromperie, & sans malice prononcees de lun bout à lautre, ainsi le peuple Rommain promet qu'il ne sera jà le premier à les violer ou corrompre. Et si premier il y fault par malice ou tromperie, sur l'heure toy Iupiter frappe le peuple Rommain, comme je blesse maintenant ce Porc : ains d'autant plus le bats & le chastie, que tu as plus de force & de puissance que moy. Lesquelles parolles acheuees il frappa d'un caillou tant qu'il peut le porceau : ce que feirt aussi de leur costé le Dictateur & Sacerdotes des Albans, se retirant apres chacun à part pour regarder la fin du combat d'un costé & d'autre.

Oraison & priere du Fecial.

Mais si par fortune les Rommains vouloyent signifier la

o 3   guerre

guerre à leurs voisins, le Fecial (comme font noz Heraults d'armes)se tranſportoit ſur les confins de l'un & l'autre territoire,& à la preſence de trois jeunes garſons lançoit vn haſté ſerré, & paſſé par le feu,ou ſanglant,ſur les terres des ennemis, auec ces parolles:

Par ce que l'ancien peuple Latin faillit grandement faiſant premierement la guerre aux Rommains, pour ce eſt il que moy & le peuple de Romme annonçons maintenant la guerre à l'ancienne nation Latine.

Lon tient pour certain que le premier inuenteur de ces cerimonies parmi les autres de religion, fut Nume:& Var-

ron dit que le nom de Fecial de fœdus & fœdera, que Ennius appelle Fidera, deriue de foy, & de faire, à cauſe du teſmoignage qu'il faiſoit de la foy & volonté du peuple,

tout ainſi que l'office du Pere Patrat eſtoit de confirmer, & ratifier l'accord que le Fecial auoit prononcé, du nom duquel, & de la maniere de frapper le porc,les Latins com-

poſerent les mots FERIRE FOEDVS. Et quant à l'interpretation de l'herbe ſacree dont j'ay faict mention, &

que Tite Liue nomme Sagmina, c'eſtoit l'herbe appellee des Grecs περιστερών,des Latins Verbena,ou Verbenaque, des Simpliſtes Columbina, par ce que les pigeons l'aymēt, des François Verueine, des Alemans Eiſenkrant, & des Italiens Verminacola,laquelle le Fecial arrachoit auec tou te ſa racine & ſa terre parmi l'autre herbe que les Grecz

nommerent ἄγρωστς, les Latins Gramen , les Italiens Gramigna,& les François Dent de chien,& d'icelle ſe couron-

noit le Fecial auec le Pere Patrat, l'eſtimant ſaincte, dont elle fut appellee Hierobotanum,& en telle veneration entre les Rommains , que tout ainſi que nous faiſons auec l'aſperge de l'eaue beniſte, ilz en prenoïent vne poignee, la

trempoient dans l'eaue , & en arrouſoient les maiſons, &

toute

toute leur famille, en efcouant apres l'autel & la table ou fe
faifoient les facrifices, & feftins de Ioue.

Pline en fon x x i i. liure de l'hiftoire Naturelle parlant
de l'ufage de ces herbes, dit:

Quoniam non aliunde fagmina in remedijs publicis fuere
& in facris legationibus quàm verbenæ.

Donnant aufsi à la Verueine vne autre grande vertu,
quand il efcrit:

Fertur fparfo aqua Triclinio qua maduerit lætiores con-
uiuas fieri.

Vertu de la
Verueine.

Sur ce paffage je veux vn peu parler à d'aucuns ignorãs,
qui fe meflent de lire, & en lifant fans aucun jugement ac-
cufent fouuent les bons Autheurs, & entre les autres Pline, difans qu'il eft menteur (comme ilz font) en lieu de le
louer, & remercier d'un fi noble & proufitable labeur, qu'il
ha prins, fans lequel (comme jà dift vn mien docte Prece-
pteur) ne feroit fi copieufe la langue Latine. O qu'il en y ha
de ces Afnes, qui incontinent apres auoir mis le nez dens
vn liure(& mefme s'ilz congnoiffent l'Autheur, ou qu'il foit
de leur nation, ou poure, ou encores viuant) y treuuent
foudainement à redire quelque chofe : & tel fe mefle de
blafmer vn homme ou fes œuures pour faire croire aux
gens qu'il eft fçauant, que s'il auoit la fortune aueugle moins
fauorable, il feroit incontinent congnu pour la plus fotte
& grande befte du monde. Apprenez donq premieremét
à lire, & n'appellez plus Pline menteur, confiderant que
quand il veult efcrire vne chofe douteufe, merueilleufe,
grande, & prefque incroyable, il dit, F E R T V R, A I V N T,
F A M A E S T, & autres femblables mots relatifs non affer-
tifs, & propres de fon inuention, & de fa bouche, comme
font quãd il promet que la decoction de la Verueine beuë
ayde fort aux fieures tierces, & quartes, & qu'elle purge les
vlceres

Defenfion de
Pline.

Cõtre les de-
tracteurs des
bons liures.

Artifice de
Pline.

Remede à la
fieure, & à la
pierre.

vlceres vieilles,& mesme celles de la bouche,tout ainsi que
la racine ou semence du Dent de chien prouoque l'urine,
& guerit les vlceres de la vessie,diminuant leans,ou brisant
vne pierre : laquelle chose il preuue , ou par experience,
Galenus. ou par le tesmoignage de Galien , & de Dioscoride, com-
Dioscorides. me je preuue aussi par les susdictes paroles de Tite Liue
que les deux testes couronnees de Verueine sont, l'une du
Fecial, & l'autre du Pere Patrat , & que le Porc couché au
reuers,signifie entierement le premier accord fait entre les
Rommains & Albans en la presente medaille.

Sublicius.

Medaille de
Sublicius.

Apres que l'Empire de Romme fut paruenu en sa grandeur, les Rõmains voyans qu'il estoit trop penible, long,&
difficile enuoyer en Asie ou en Afrique à denõcer la guerre à leurs ennemis , ilz dresserent vne Colomne deuant le
Temple de Temple de Bellone au pié du Capitole, laquelle ilz appel-
Bellone. lerent Bellique , par ce que de là le Fecial ou autre lançoit
Colomne vn dard contre le quartier qu'ilz auoient deliberé d'assaillir,
Bellique. & par ainsi estoit le peuple auerty en quel lieu l'on deuoit
iceluy an aller à la guerre : qui n'eut jamais fin jusques à
tant

tant que Augufte print la Monarchie du monde : car il eft
impoffible que paix fe puiffe faire , ou longuement durer
entre plufieurs voifins , quand tous afpirent à vne mefme
chofe. Ce que affez clair nous monftrent parmi les hiftoires Grecques & Latines, les anciennes guerres externes &
ciuiles, lefquelles ne ceflerent jamais, que l'vne des parties
ne fuft entierement efteinte & abolie, tefmoing les difcor-
des entre les Lacedemoniens & la cité d'Athenes , des
Carthaginois & Rōmains, pour le Royaume de Sicile, de
Marius & Sylla, de Pompee & Cefar , & de noftre temps
les debats entre le Sophy & le Turc, & entre les Empereurs & les Roys de France. Mais par ce qu'il n'eft à vn
chacun permis de deuenir Monarque à faulte de puiffance, ou de confeil, ni les vns peuuent facilement, ou fi toft
annuller du tout les forces des autres , vn autre remede y
ha il pour engendrer vne paix perpetuelle , & maintenir
toufiours le peuple riche. Ce font les propres forces , &
l'inuincible & faincte ordōnance des Legionaires, choifiz,
efcrits, entretenuz, priuilegiez & exercitez, comme il fault,
& non comme vn chacun penfe fçauoir faire, tout ainfi
que vn chacun ne confidere que la conferuation de tous
eftats ne gift que en deux chofes, à fçauoir IN PRÆMIO
ET POENA.

Viuant Augufte (qui regna en paix cinquante fix ans &
fix mois , & qui ayma toufiours les gens de bien) qui euft
efté le Prince, ou la nation fi oultrecuidee , non feulement
hardie, d'entreprendre la guerre contre luy , fachant que
apres la desfaicte de Marc Antoine, il entretenoit & auoit
toufiours preftz CCLXIIII. mil hommes de pied Legionaires, & XXXII. mil CCVIII. cheuaux tous ordinairement exercitez aux armes?

Augufte mort, qui donna incontinét apres courage aux

p   Parthes

Parthes de se rebeller & saccager l'Armenie, aux Daces la Mesie, aux Sarmates la Hongrie,& aux Allemans la Gaule (toutes prouinces subieétes à l'Empire de Romme) sinon **Lascheté de Tibere.** l'ordonnance des Legionaires mal entretenue par la paresse & voluptueuse vie de Tibere?

Dont procedent les occasions de la guerre. Qui au temps passé (ce que je puis dire sans mespriser ou offenser personne, estant la chose diuulguee & manifeste) esmeut si souuent les Anglois, & de nostre temps plusieurs fois l'Empereur Charles Quint, à inuader la France, sinon les François mesmes sans Legionaires, & du tout & mal asseurez sur les forces estrangeres?

Dont vient la subieétion d'Italie. Qui ha rendu & rend subieéte l'Italie (en lieu qu'elle commandoit à tout le monde) à toutes sortes de nations estranges, sinon ses discordes, ses enuies, & l'institution antique delaissee de ses propres armes?

Comme les Princes sont inexpugnables. Au contraire, qui guarentit le Turc, qui asseure les Allemans, qui rend inexpugnables les Suisses, & qui faiét forts les Anglois en leurs païs, sinon l'union, l'exercice aux armes au despens d'autruy, & vne ordinaire & generale discipline militaire?

Duc de Florence. Et qui ha sauué depuis x x. ans en çà vne Duché de Florence, & luy augmenté grandement son dommaine, sinon la force de x x. mil Tuscans Legionaires? desquelz oyez, Monseigneur, s'il vous plaist plus particulierement le prousit & honneur qu'on en tire.

Discours particulier sur les Legionaires. Vn Legionaire combat plus hardimét en assaillant vne ville, ou païs estranger, ou en defendant le sien mesme, que ne faiét le soldat estranger ou mercenaire, qui ne prend les armes pour sauuer son bien particulier, ni pour acquerir honneur ou louenge à la guerre.

Vn Legionaire venant à la monstre ne treuue aucunement estrãges voz loix ou voz ordonnãces, cõme l'estranger,

ger, qui ha accouſtumé d'en obſeruer pluſieurs, & parauen-
ture plus à ſon gré que les voſtres ne ſeront, ou d'auoir plus
grande paye.

Vn Legionaire (le temps venu de faire ſa monſtre) plus
patiemment attendra & endurera, que l'eſtranger ne ſera:
car ou il ſe mutinera, ou paſſera de l'un camp en l'autre.

Vn Legionaire craindra de ſe mutiner, ou ſeruir vn autre, ce que l'eſtranger ne fera: car s'en eſtant vne fois enſuy,
il n'a aucunement ſoucy que ſes biens luy ſoyent confiſ-
quez, ni ſa femme, ſes enfans, ou ſon pere, ou mere prins
& tourmentez par le Prince ou Capitaine, auquel il aura
faict faulte.

Vn Legionaire ſera plus obeïſſant, continent, & diſcret,
allant au fourrage, ou marchant en païs, ou prenant vne
ville par force, que l'eſtranger ne ſera : lequel ne va le plus
ſouuent à la guerre, ſinon pour mal faire, & piller, ou par
neceſſité ou par auarice.

Vn Legionaire allant à la guerre ne traynera apres luy
femmes ne enfans, qui ne font que empeſchemēt, cherté,
& ordure en vn camp : ce que l'eſtranger voudra faire, ou
autrement il ne vous ſeruira point.

Vn Legionaire deuiendra d'autant plus meilleur, qu'il __Point nota-__
ira plus ſouuent à la guerre, là ou vous n'eſtes aſſeuré que le __ble.__
ſoldat eſtranger ceſtuy an ſoit le meſme exercité & vail-
lant, que vous l'auiez l'annee paſſee, & par ainſi hazarderez
& mettrez en danger le jour d'une bataille tout voſtre bien,
l'honneur & la vie.

Ceſte tresſaincte ordonnance de Legionaires bien en- __Remede pour__
tendue & entretenue (eſtant proprement voſtre particu- __obuier aux__
liere force & puiſſance) ſera ſuffiſante à eſteindre toutes __ſeditions ci-__
les ſeditiõs & factions ciuiles, qui ſouuēt auiennēt parmi les __uiles.__
Prouinces, & par diuerſes occaſiõs grandemēt d'ãgereuſes.

p　2　　　　　Vn

Vn Legionaire ne refufera jamais à combattre quand il

fera commandé, comme fera l'eftranger, accouftumé d'o-
beïr feulemét à fon Coronal, ou Capitaine. Ce que lon ha
congneu eftre veritable l'an M. D. x x x. durant le fiege de
Florence, en laquelle cité eftans les foldats eftrangers plus
forts que ceux de la ville, non feulement ne voulurent
obeïr à icelle Signorie, qui leur commandoit de fortir à
combattre, mais tuerent vn vieil Citadin, qui leur en auoit

faict le meffage, & contraignirent la ville à foy rendre à di-
fcretion entre les mains de fes ennemis : lequel moderne
exemple deuroit affez fuffire, fans autre, à ceux qui plus fe
confient es armes des eftrangers, que fur la force & loyau-
té de leurs propres fubiectz.

Vn camp de Legionaires, ou pour le moins compofé
de la plus grand' part d'iceux, fera toufiours moins addôné
aux noifes & à faire fcandale, que vn autre meflé de diuer-
fes nations, & mefme quand fe viendra camper, ou à prendre & faccager vne ville : & par ce fouloyent les anciens

Rommains feparer les foldats efträgers, qu'ilz appelloyent
Auxiliaires, des leurs Legionaires : car ilz logeoient ceux
cy à l'entour des tentes ou pauillons des Confuls & Tribuns, & ceux là de dehors parmi les rampars & les
trenchees.

Vn Legionaire(la guerre acheuee) couftera moins en
luy donnant congé, & le renuoyant en fa maifon, que l'e-
ftranger ne fera. Et d'auantage l'argent (qu'eft le principal
point) employé en la guerre, demeurera au païs mefme,
fans eftre porté dehors: dont procede la poureté des Prin-

ces, des villes, & des fubiects, outre le danger en quoy lon
fe met, ayant enrichy les efträgers, appouri les fiens, exercité aux armes les eftrangers, & ofté le courage aux fiens,
& defcouuert aux eftrangers les paffages, les fecrets, & forces

ces d'une Prouince, dont maintes depuis ont esté surprin- Liure des Obseruations militaires.
ses au temps passé, ainsi que j'ay assez clairement monstré
au x. chapitre de mon dernier liure des Obseruations militaires.

Somme, de quelle importance & proufit soyent les Legionaires en tous lieux bien ordonnez & entretenuz, Tite
Liue & Tacitus (ce me semble) l'ont assez bien declairé, le
premier escriuant:

Quare id primùm cauendum puto Rom. Imperatoribus, T. Liuius.
Vt ne plus alieni, quàm sui roboris in castris habeant.
Et cestuy autre encor mieux, parlant d'Agrippine mere de
l'Empereur Nero:

NIHIL RERVM MORTALIVM TAM IN- Cor. Tacitus.
STABILE AC FLVXVM EST, QVAM FA-
MA POTENTIÆ NON SVA VI NIXA.

Car la puissance d'un Prince ne gist en grand païs, ni en
grand nombre d'hommes, ni en grande somme de deniers, mais en la grande quantité de ses subiects armez &
exercitez aux armes, qui le puissent soudainement defendre, auant que l'ennemy soit aux portes. Et que tout ce soit
plus que veritable, qui empesche la puissance d'un Turc Puissance des Venitiens.
qu'il ne cherche d'oster aux Venitiens par mer tant de bel-
les places & ports maritimes, tous joingnans à ses terres,
sinon le soing & bon côseil desdits Seigneurs, c c c. Gale-
res toutes prestes, & harnois amassez que en l'Arsenal, que
dans le Palais de sainct Marc, pour armer cinquante mil
hommes? suiuant ce beau mot digne d'estre empreint
au cœur de tous Princes & Republiques desarmees:

FELIX CIVITAS, QVÆ TEMPORE PACIS Sentence no- table.
DE BELLO COGITAS. Laquelle ordonnance si
en tous lieux se retrouuoit ainsi faicte, qui doute que l'un
voisin redoutant l'autre se côtenteroit de son estat; & vn

P 3   chacun

Biens prouë-
nãs de la paix. chacun viuroit plus longuement en continuelle paix & amitié ? A propos de laquelle il me plaift mettre en auant ce que Tite Liue feit dire à Scipion par Annibal en fon dixieme liure de la troifieme Decade, auant que faire la journee en Afrique, pres de Zama, lointaine cinq jour-nees de Carthage.

T. Liuius.
Maximæ
cuiq; fortunę,
&c.
Difcours de
paix. Ah Scipion (ce dift Annibal) tu ne fçais pas comme il eft mal feur de fe fier longuement d'une trop grande fortune, & qu'il vault beaucoup mieux s'arrefter à vne paix certai-ne, que mettre fon efpoir en vne incertaine victoire; attendu que comme l'une chofe eft en ta puiffance, tout ainfi l'autre eft entre les mains de Dieu, eftimant grande follie hazarder en vne heure les biens, l'honneur, & la feli-cité de fi longue main amaffee.

Il fault que tu penfes que d'une part & d'autre la fortune de la guerre eft commune, eftans d'un cofté & d'autre les perfonnes armees & preftes à combattre, dont il n'y ha rien plus incertain que la fin d'une bataille : & d'auantage la victoire de la guerre n'apporte jamais tant de bien & d'honneur à ce que defia tu tiens en paix, comme tu re-çois honte, deshonneur & dommage, s'il auient que tu Exemple de
Regulus. perdes la journee. Souuienne toy de M. Attilius Regulus, lequel fans faulte euft efté vn vray exemple de felicité & de vertu en ce païs, fi eftant, comme il eftoit vainqueur, il n'euft refufé la paix à noz peres : mais ne fachant moderer Inconftance
de fortune. fon appetit defraifonnable à l'endroit de fa bône fortune, il ne fe fault point esbahir fi d'autant qu'il eftoit hault monté, il tomba honteufement à terre.

Ie Annibal (ò Scipion) te demande la paix, qui jà ne la demanderois, fi je n'auois experimenté qu'elle eft beau-coup plus proufitable que la guerre : car ayant defia fi lon-guement vefcu parmi le bon & le malheur, il fault penfer
que

que j'ay apprins à congnoiſtre,& à ſuiure deſormais plus la raiſon, que la fortune.

C'eſt donq la paix tant deſiree,qui apporte toutes ſortes de biens au monde, comme bien le monſtra le bon Empereur Antonin Pie en vn reuers d'une ſienne medaille d'argent, que j'ay parmi d'autres, en laquelle prenant les deux mains & le caducee pour la paix ou concorde, il y adjouſte deux eſpicz de bled, pour denoter que de la paix & pieté d'un bon Prince procede l'abondance.

Interpretatiõ d'une medail le d'Antonin Pie.

Antonin Pie.

Vn autre point y ha il qui empeſche la paix,& entretient touſiours la guerre, c'eſt que les Princes de noſtre temps font leurs armees trop petites, ſans faire comme au temps paſsé vne grande journee, par laquelle l'une des parties perde tout,ou ſoit contrainte demander & faire vne paix perpetuelle : là ou ſi le chef & Seigneur principal , ayant enuie de terminer vne guerre,auec toute ſa puiſſance (diſtribuee & ordonnee neantmoins comme la Loy bellique le commande)y alloit en perſonne , comme jadis alloyent les Dictateurs,Conſuls & Tribuns militaires de Romme, Pompee,Ceſar,Auguſte,Veſpaſian,Tite,Traian , Seuere,

Autre raiſon pourquoy la guerre dure.

Comme les Princes du temps paſsé alloyent à la guerre.

& autres

& autres braues Empereurs,& comme les grans Turcs ont
accouftumé toufiours aufsi de faire , nous verrions fans
faulte bien toft le monde joyeux & triomphant jouïr d'une
proufitable paix vniuerfelle : tout ainfi que nous eufsions

Duc de Guife. veu l'annee paffee triompher Monfeigneur voftre frere en
Italie,fi fa vertu & hardieffe euft efté de pareilles forces ac-
compagnee.

Mais reuenant à mon propos , je di que voyant de n'a-
uoir plus que faire à Paris (car je perds mal volontiers
temps à l'entour des vaines & longues efperances & pro-
meffes des perfonnes , mefme de ceux qui ne fe foucient
finon de leur proufit particulier , & ne fe fçauent incontinent obliger vn homme vertueux , qui en vn moment
peult rendre à jamais leurs noms immortelz au monde)
je m'en retournay à Lyon entre mes liures , & paffant
par Auuergne , vouluz encore vne fois veoir l'ancienne

Clermont en fepulture , qui eft en la maifon de la ville de Clermont
Auuergne. (cité autant noble, antique , & delectable , & ou font tant
de belles & honneftes compagnies d'hommes , & fem-
mes , comme il eft au monde poffible de fouhaitter &
veoir) en laquelle fepulture eft faict mention de ce

Labienus. Labienus , qui du temps de Iule Cefar fut fon Lieutenant en diuers lieux de Gaule , combien que
depuis durant les guerres ciuiles , il renia la
partie de Cefar,& fe joingnit à celle
de Pompee , dont il perdit
fes biens,& à la fin le
credit , & la
vie.

Clerm

Clermont en Auuergne.

```
DIILIAL VL . PAV ILN.
T. I. ALLIA T. LA-
BIENI VXOR
BELLNO. DD.
```

Dono dedit.

Arriué à Lyon, j'ay cy trouué Gouuerneur & Lieutenant general pour le Roy vn autant sage, humain, & discret cheualier & Seigneur (tel qu'est Monseigneur de Grignan) & si *Monsieur de* grandement affectionné au seruice du Roy, qu'il m'est auis *Grignan.* que la France ait recouuert la grande perte, que jadis elle feit du bon Prince de Melphes: dont je souhaitte souuent à *Prince de* tel noble Seigneur santé & lôgue vie, auec la moitié moins *Melphes.* de l'aage qu'il ha, & au Roy quant & quant (pour le proufit de son Royaume) autant de semblables seruiteurs, comme *Souhait du* vne fois souhaitta Darius Roy de Perse d'hommes telz *Roy Darius.* que Zopire, ainsi qu'il mangeoit vne pomme granade.

Monseigneur, apres ce bon heur general d'auoir rencontré vn si hônorable & tant necessaire Seigneur en vne ville de si grande consequence, il m'en est venu en parti-

q culier.

culier vn autre quant au faict des medailles, c'est que ledit
Seigneur m'en ha faict present d'une d'Augufte, autant rare,comme il s'en treuue peu de femblables, ayant d'un cofté la tefte dudit Empereur fort jeune, & au reuers l'effigie
d'une femme au milieu de dix pauois ou targues,tenant les
bras en l'air,toute defcheuelee,comme fi elle crioit mercy,
& eftant enuironnee de parolles qui difent, T V R P I L I A-
N V S T R I V M V I R.

Turpilianus en argent.

Medaille de Turpilianus.

l'ay communiqué le reuers de cefte medaille à plufieurs
Antiquaires & autres gens doctes, & n'ay encor trouué
perfonne qui m'ait fceu rendre raifon pourquoy il ait efté
ainfi faict. Toutefois je me fuis mis apres,& auec l'ayde de
Plutarchus. Plutarque en la vie de Romulus,de Titus Liuius, & Cor-
T.Liuius. nelius Tacitus en la vie de Nero,au plus pres que j'ay peu,
Cor.Tacitus. luy ay baillé vne telle interpretation.
            Le fufdict Plutarque & Tite Liue recitent, q̃ ayant Ro-
Interpretatiõ mulus donné la charge de garder la fortereffe du Capitole
de la medail- à vn nommé Spurius Tarpeius,contre les Sabins,qui la te-
le de Turpi- noyent affiegee, vne fille dudit Spurius, appellee Tarpee,
lian.
                                                                    non

nonnaine Veſtalle, allant querir de l'eaue, tomba hors la
porte entre les mains des ennemis, qui la requirent de leur
monſtrer le chemin, ou le moyen de prendre la forterſſe:
ce qu'elle feit, auec la promeſſe qu'ilz luy donneroyent les
bracellets d'or qu'ilz portoyent au bras gauche. Les ſoldats
ayant ſceu le ſecret, trouuerent à dire quelque choſe contre elle (comme l'auarice de pluſieurs autres femmes ſe re- Trahiſon &
mort de Tar
pee.
trouue ſouuentesfois trompee) & l'aſſommerent parmi les
pauois qu'ilz accouſtumoyent de porter à la guerre, dont le
mont fut depuis nommé Tarpeius, qui au parauant s'appel
loit Saturninus. Apres ſa mort, le Capitole prins, & que
Romulus & les Sabins eurent faict appoinctement & paix
enſemble, il fut dit en leurs capitulations, que l'image de
Tarpee ſeroit touſiours paincte & deuant les yeux des
Sabins dans le temple de Ioue: de laquelle hiſtoire faict
mention Ouide auſsi en ſon liure des Faſtes, ou il dit:

Vtq; leuis cuſtos, armillis capta Sabinis Ouidius.
Ad ſummæ tacitos duxerat arcis iter.
Vnde, velut nunc eſt, per quem deſcenditis, inquit,
Arduus in valles, & fora cliuus erat.

Ie di donq que, attendu la qualité de la femme, les pauois qui l'enuironnent, l'habit qu'elle porte comme vne
Veſtale, la mine douloureuſe qu'elle faict, & le nom qu'elle
ha non gueres different de celuy de Turpilianus, q̃ Tacitus
appelle Turpianus, quaſi Tarpeanus (ſurnom corrompu,
comme il aduient de pluſieurs autres à cauſe de la longueur du temps & de la corruption des langues) il peult
eſtre que ce Turpilianus, qui ſe nommoit Petronius, eſtãt
du temps d'Auguſte l'un des trois maiſtres de la monnoye,
fiſt ainſi frapper l'image de Tarpee pour monſtrer l'ancienne origine & ſource de ſa race.

Mais que ce ſoit le reuers de Tarpee, aſſez clair nous le
monſtre

monſtre auſsi vn autre reuers de la medaille de Lucius Titurius en laquelle eſt repreſenté d'un coſté vne teſte auec

Interpretatió
de la medail-
le de Sabin.

vne palme,& lettres qui diſent ſ A B I N ſignifiant la victoire ſuſdicte, & de l'autre vne fille tombee à terre entre trois
pauois & le milieu de deux ſoldats qui la tuent , dont elle
crie mercy,& eſt habillee comme l'autre, ainſi que le monſtre la medaille,frappee par Lucius Titurius Sabinus,Lieu-
tenant de Ceſar en Gaule , ainſi qu'on lit dens ſes Com-

Commentai-
res Ceſar.

mentaires au troiſieme , & cinquieme liures : auquel dernier il appert comme il fut tué par la trahiſon d'Ambiorix
& Catiulcus amis feints des Rommains,& de Ceſar.

Titurius.

Medaille de
Titurius.

C'eſt le meſme Titurius qui ſeit repreſenter auſsi en vn
autre reuers d'une ſienne medaille le rauiſſement des Sa-
bines, en la maniere qui ſenſuit:

Voila

Voila comme plufieurs, qui fe meflent de medailles, &
ignorent les hiftoires, bien fouuét s'abufent, tenás vne medaille chere, qui ne le merite, & d'une autre ne faifans aucun compte pour eftre vn peu goffe, & commune, qui eft
digne d'eftre eftimee : pourquoy ilz font grand tort à la venerable antiquité les ignorans, qui en font marchandife les
amaffent, & les ferrent pour dire qu'ilz font antiquaires, &
faire à croire aux gens qu'ilz ont bon efprit, & employét le
téps en vn paffetemps noble, oftans le plaifir, & l'occafion
aux hommes doctes de s'en feruir pour l'enfeignement des
Princes, aufquelz il appartient d'auoir & frapper femblables
medailles, & pour la declaration d'icelles, au proufit &
plaifir de la Republique. Or quant au faict de Turpilianus,
je croy fermement que ce fuft le mefme, qui du temps de
Nero ayant efté Proconful en Bithynie, & depuis Conful
à Romme & Confeiller, & confentant à vne partie des
mefchancetez de Nero, fut par ledit Empereur à la fin pri-
ué de fon office, & s'enfuit à Baie au Royaume de Na-
ples : auquel lieu, oyant que Nero y deuoit arriuer, il fe
perça les veines, & auant que mourir, enuoya vn papier
figné de fa main, & cacheté de fon cachet, qu'il rópit apres,
audit Empereur, luy rementeuant tous fes vices, dequoy
Nero cuida defefperer, & enuoya en exil Silia femme d'un
Senateur fa macquerelle, penfant qu'elle auoit decelé tous
fes fecretz à l'autre : duquel, pour en faire vne conclufion,
je di que depuis Augufte jufques à Nero Turpilianus pouuoit auoir enuiron LX. ans : homme de vray fort malheu-
reux, vicieux, & deteftable, & (comme dit Tacitus)

Vt alios induſtria, ita hunc ignauia ad famam protulerat.
Parquoy le nom de Turpilianus luy eftoit (& par auenture
luy changea on pour cefte caufe) iuftement deu & conuenable.

Contre les ignorans qui ferrent les medailles.

Eftats & mort de Turpilianus.

Mort de Turpilianus.

Cor. Tacitus.

Nature de Turpilianus.

q 3　　Vn

Vn autre grand medaillon d'argent eſt tombé entre mes mains, ou d'un coſté eſt la concorde & alliance du Triumuirat, & de l'autre deux teſtes, l'une de Marc Antoine, & l'autre de Cleopatre, l'effigie naturelle de laquelle peult eſtre que n'a eſté veuë de beaucoup de gens : parquoy j'en ay ci voulu donner le plaiſir aux nobles eſpritz amateurs des choſes anciennes.

M. Antoine, & Cleopatre.

Medaille de Cleopatre.

Et quant aux marbres antiques trouuez de nouueau en ceſte ville, lon tira deſſous terre l'autre jour à ſainct Hirigny vne petite ſepulture faicte & engrauee par dedans en la maniere qui ſenſuit.

S. Hirigny.

MINERVAE

POLIONIS · F ·

Et

Et moy paſſant la riuiere de Saone , vis à vis des Augu-
ſtins , eſtant l'eaue fort baſſe , allay incontinent auiſer aux
fondemens d'une maiſon vn fort beau marbre engraué,
dont la teneur eſt telle.

Dens la Saone.

```
      VALERIA   NOCTVNNA
      COEREDES  EIVS  ET
      LIBERI   PATRONÆ
        INCOMPARABILI
             P.   C.
        ET   SVB  ASCIA
        DEDICAVERVNT.
```

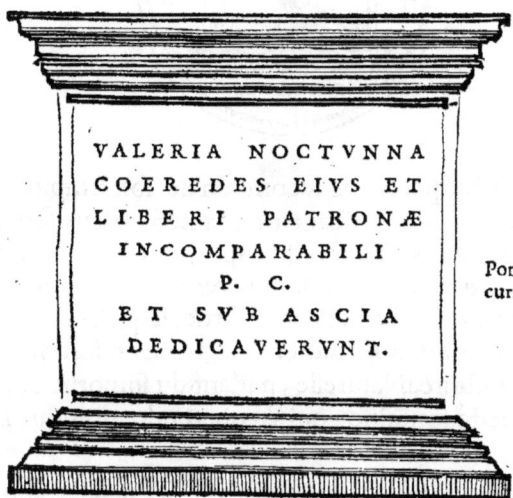

Ponendum
curauerunt.

Et comme il auient que l'une choſe ſuit l'autre, ayant deſ-
jà aſſez grand bruit d'aymer, & amaſſer toutes choſes rares
& antiques, l'on m'apporta vne aſſez grande medaille de
Traianus, ou d'un coſté eſt la teſte dudit Empereur, & au
reuers vne figure couchee ſous vn Arc, auec lettres au
pied, qui diſent, A Q V A   T R A I A N A.

Traian

Traianus en cuiure.

Caligula.   Caligula Empereur le second an de son Empire commença deux conduits d'eaue pour amener deux fontaines

Claudius.   à Romme. Apres sa mort l'Empereur Claudius acheua l'œuure, & par vn des côduits feit venir deux fontaines, l'vne nommee Cerulee, & l'autre Curtie, laquelle eaue toute

Eaue Clau-dienne.   ensemble il nomma Claudienne. Pline en son xxxvi liure de l'histoire Naturelle, parlant du somptueux bastiment de ceste fontaine, qui s'alloit rendre pres du Temple de Claudius, dit:

Plinius.   *Vicit antecedentes Aquarum ductus nouissimum impendium operis inchoati à Caio, & perfecti à Claudio. Quippe lapideam excelsitatem omnes vrbes & montes æquantem vt lauacra impleret Curtios atque Ceruleos fontes adductos, erogata ad id opus talentum sexaginta millia.*

Argent em-ployé en la fonteine Clau-dienne.   Laquelle somme reduicte au pris de noz monnoyes, & faisant valoir vn Talent six cens escuz, reuient à xxxvi Millions d'or: & versoit l'eaue ceste fontaine aupres de la porte Maieur, ainsi qu'il appert par ces paroles, qui y sont engrauees.

           I L.

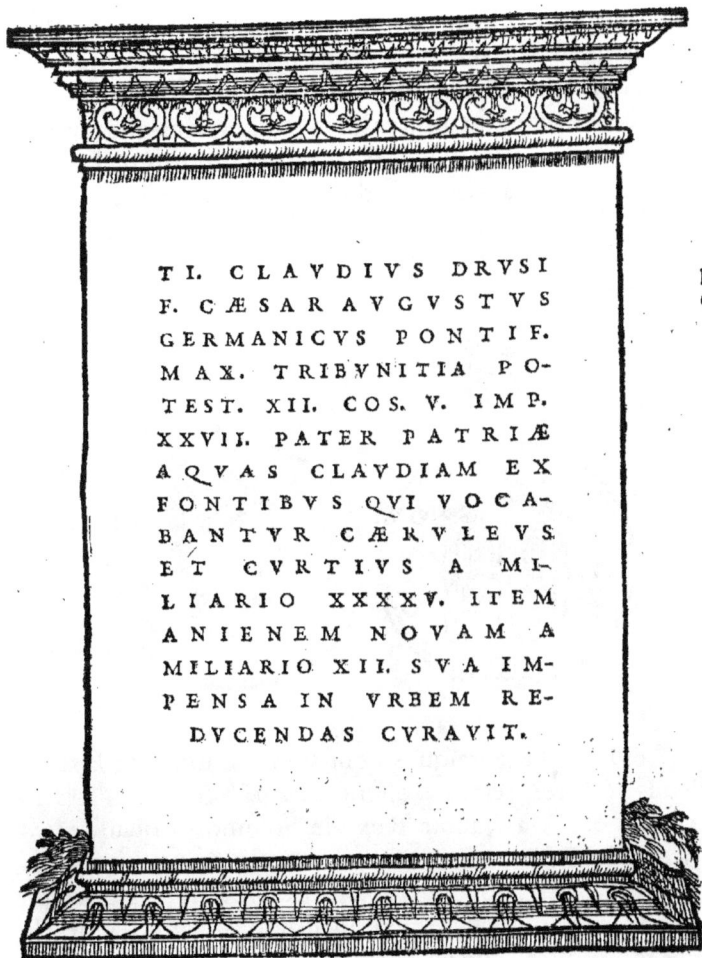

TI. CLAVDIVS DRVSI
F. CÆSAR AVGVSTVS
GERMANICVS PONTIF.
MAX. TRIBVNITIA PO-
TEST. XII. COS. V. IMP.
XXVII. PATER PATRIÆ
AQVAS CLAVDIAM EX
FONTIBVS QVI VOCA-
BANTVR CÆRVLEVS
ET CVRTIVS A MI-
LIARIO XXXXV. ITEM
ANIENEM NOVAM A
MILIARIO XII. SVA IM-
PENSA IN VRBEM RE-
DVCENDAS CVRAVIT.

Memoire de
Claudius.

Vespasianus & Titus apres la restaurerent l'un apres l'autre, voyans que le bastiment alloit par terre. Traian la detourna, & feit mener sus le mont Auentin, l'appellant Traiana : & Caracalla à la fin en print vne partie qu'il feit aussi conduire au Capitole.

Finablement sur toutes les medailles rares que j'ay peu recouurer en ceste ville, je fay grand compte d'une Hebree d'argét, tiree parmi le sable du fond de la riuiere de Saone : car il y ha d'un costé la teste de Salomon, & de l'autre son Temple, ainsi que chante l'escriture, laquelle auec la medaille est telle.

Teste & Temple de Salomon.

Les lettres Hebraïques, qui sont à l'entour de la teste, leuës & interpretees, disent, HAMELECH SELOMOH, à sçauoir Rex ille Solomon, quasi MAGNVS : & les autres au reuers HECHAL SELOMOH, à sçauoir Templum Solomonis. Touchant quoy ie suis quelque peu en doute si ce est l'une de ces monnoyes, que les Hebrieux appellerent SICLVS, vallant vne once, & selon les Grecz & Latins la quatrieme partie

partie d'une once, ou la moitié de Stater qui côtient deux Stater.
drachmes : car Budeus en son liure de Asse l'interpre- Drachma.
Budæus.
te Stater entierement , & Iosephus veut qu'elle eust va- Iosephus.
lu IIII. drachmes Attiques. Toutesfois voulant ceste matiere disputer, je di que si vne drachme valoit six oboles,
vn obole d'argent VII. deniers tournois , & vn Sicle selon Obolus.
les Grecz & Latins deux drachmes , à sçauoir VII. solz
tournois, qui estoit le Sicle mineur, & selon Budeus & Iosephus IIII. drachmes, à sçauoir XIIII. solz, qui pouuoit
estre le Sicle maieur, la medaille que j'ay, ne peult estre ni
l'un ni l'autre Sicle, attendu qu'elle ne poise que cinq solz &
demy, si jà par la longueur du temps(comme il peult estre)
n'eust esté le reste consommé : qui me faict faire là dessus
vne conclusion, que ce soit le Sicle mineur dessus dit.

 Mais côme q̃ ce soit, je l'estime beaucoup à la souuenâce Medaille d'or
d'une autre d'or de Dauid, qui fut jadis donnee au feu Roy de Dauid dô-
François, pour l'interpretation de laquelle il fallut enuoyer nee au Roy
jusques en Auignon querir vn maistre Emanuel, grandissi- François.
Emanuel do-
me docteur Hebrieu, qui prouua par raison deuant le Roy cteur He-
que la figure estoit Dauid , la medaille antique , & la sub- brieu.
stance des paroles telle d'un costé & d'autre :

NON ERVNT TIBI DII ALIENI.
EGO SVM DEVS TVVS, QVI EDVXI TE
 DE ÆGYPTO.

 Ce seroit, Monseigneur , en temps de paix & apres les
negoces de plus grande importance le passetemps plus
noble, plus louable, & plus digne d'un grand Prince. Car s'il
auoit quelque peu le cœur addôné à l'immortalité de son
nom & de toutes ses œuures, il l'augmēteroit de beaucoup,
oyant par les liures, & voyant par les statues, Epitaphes , &
Medailles , les haults faicts & gestes de plusieurs anciens
grans personnages estre encor viuans , prisez , honnorez,

r 2 cher

cherchez & regrettez du monde. Laquelle raison seule esmeut jadis les Citadins Rommains à prendre peine de
dresser & mettre en public tant de beaux Arcs triomphãs,
Pyramides, Colomnes, Tableaux, Colosses, & autres images à pied, & à cheual de marbre, d'yuoire, d'or, d'argent &
de brõze, de ceux qui par le moyen des armes, ou du con-
seil auoiët secouru la Republique. Car voyans les filz, & les
nepueux respandues çà & là par la cité les images triom-
fantes, & par les Temples les diuers Trophees de leurs
peres & ayeuls, ilz auoyent honte (congnoissans que la
vraye noblesse, l'honneur, & la meilleure louenge de l'hom
me depend entierement de soy mesme) de n'entreprendre
& faire aussi quelque acte vertueux (je di autre que de
bien baller, ou faire vne belle reuerence courtisienne, se
presentant & parlant temerairement deuãt les Princes) par
lequel il ne leur peult estre reproché d'auoir offusqué, &
acheué parmi leur bestise & demerites la clairté de la noblesse acquise par la vertu de leurs grans peres. O que j'en
vois peu auiourdhuy de ces soigneux enfans, qui prênent
peine de ressembler à la vertu de leurs ayeuls & peres,
ayans plusieurs abandonné la sagesse, & embrasé la follie,
& changé l'ancienne liberalité pour l'auarice, le bien public pour le particulier, la vertu pour le vice, l'humanité
pour l'arrogance, la charité pour le mespris, la modestie
pour l'intemperance, la sobrieté pour la gourmandise, la
verité pour la mensonge, dissimulation, & flatterie, &
l'honneur pour la honte, & neantmoins sont tant aueu-
glez & obstinez en leur malice, que mesprisans la veritable, & vertueuse noblesse d'un autre, veulent estre reputez
& appellez faulsement Gentilshommes, jettans souuent
les paroles au vent, quand ilz se louent entre eux, si par fortune ou faueur plus que par leur propre vertu il leur vient

faict

Façon de fai-
re louable des
Rommains.

Discours sur
la noblesse.

faict vn bon acte. Vrayement (ce difent ilz) vn tel ha bien
monftré quil eft forty de bon lieu : comme fi les mœurs,
faicts, & vertu des hommes fuffent comme les threfors he-
reditaires : laquelle faulfe louenge ilz renuerfent apres, quãd
ilz font defpitez contre vn modefte & fage Gentilhomme,
qui en rien n'aura offenfé, mais par ce quil ne fera le plai-
fant & la befte, & ne obeïra à leur indifcrette fantafie, difans : Il faict felon le lieu dont il eft venu (quafi que les
hommes ne foient tous fortiz d'vn mefme premier pere) il
s'oublie, il fe mefcongnoift, il faict du compaignon, & autres femblables paroles pueriles, pleines de fottife, & d'i-
gnorance. Car les poures gens ne confiderent que la nobleffe ne gift aux richeffes iniuftement & mechanique-
ment acquifes : mais aux actes vertueux, genereux, &
honnorables, emploiez au feruice de fon Prince, & au profit & feurté de la Republique, comme nous voyons Mon-
feigueur, que vous faictes, & font tous Meffeigneurs voz
freres pour le feruice du Roy, & mefme monfeigneur le
Duc de Guife, & comme ont defia faict le Marefchal
Strozzi, & autres fages & vaillans Capitaines, lefquelz   Duc de Guife.
morts ou bleffez au lieu d'honneur & plus pouffez, &   Marefchal
auancez par leur propre vertu, que par faueur, ou par ri-   Strozzi.
cheffe, ont non feulement conferué, & merité, mais augmenté leur tiltre de nobleffe. A propos de laquelle quilz

oyent vn peu ces caufeurs ce que efcrit Iuuenal à
Ponticus en la huictieme Satire, & puis s'allans
cacher, ne foient deformais plus fi hardiz
de fe monftrer tant braues, ni
d'ouurir en ceft endroit
la bouche.

r 3   Iuuen

Iuuenal declairant la noblesse.

Stemmata quid faciunt? quid prodest Pontice longo
Sanguine censeri, pictosq; ostendere vultus
Maiorum, & stantes in curribus Aemilianos?
Et Curios iam dimidios, nasumq; minorem
Coruini, & Galbam auriculis nasoq; carentem?
Quis fructus generis tabula iactare capaci
Fumosos Equitum cum Dictatore magistros,
Si coram Lepidis male viuitur? Effigies
Quò tot bellatorum, si luditur alea pernox
Ante Numantinos? Si dormire incipis ortu
Luciferi, quò signa duces & castra mouebant?
Cur Allobrogicis & magna gaudeat ara
Natus in Herculeo Fabius lare? si cupidus, si
Vanus & Euganea quantumuis mollior agna?
Tota licet veteres exornent vndique ceræ
Atria, NOBILITAS *sola est atque vnica virtus.*

Monseigneur, attendu que je ne sçaurois acheuer mon
discours parmi plus belles antiquitez, ni vn plus noble sub-
ject, comme est le precedent, je feray cy fin, priant le Crea-
teur & Redempteur du monde, vous ayder luy mesme à
mettre bon ordre (comme vous prenez peine) aux affaires
de l'une & de l'autre Republique.

QVANDO PRÆSTITIMVS QVOD DEBVI-
MVS, MODERATE QVOD EVE-
NIT, FERAMVS.

figures.165. DMONT ·1580· C·12

B

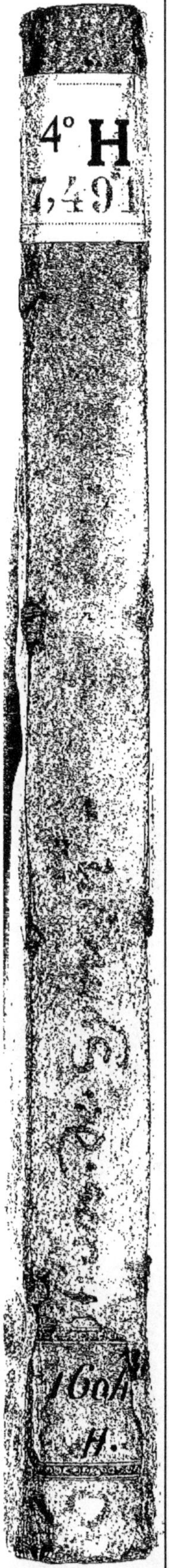
4° H
7,491

www.ingramcontent.com/pod-product-compliance
Lightning Source LLC
Chambersburg PA
CBHW052347090426
42739CB00011B/2352